Maravillas

Naturales

Escrito por Ben Hoare

Ilustrado por Angela Rizza
y Daniel Long

Introducción

Hasta donde sabemos, la Tierra es el único planeta en el que hay vida. Este libro rinde homenaje a algunos de los millones de organismos vivos que han hecho de ella su hogar, así como a las rocas, fósiles y otras maravillas naturales que conforman el mundo. Todos ellos son, a su manera, sorprendentes y bellos, desde las gemas relucientes y los organismos diminutos hasta los árboles imponentes o los tiburones gigantescos. El libro está dividido en cuatro apartados: Rocas y minerales, Vida microscópica, Plantas y Animales. En conjunto muestran la increíble biodiversidad de la Tierra. El planeta está lleno de maravillas de la naturaleza, entre ellas muchas que no alcanzamos a comprender y otras muchas que están todavía por descubrir.

Ben Hoare

Contenidos

Rocas y minerales............4

Oro.......................6
Rosa del desierto...............8
Malaquita....................10
Fluorita.....................12
Ópalo.......................14
Turquesa....................16
Pirita.......................18
Corindón....................20
Pumita......................22
Arenisca.....................24
Mármol......................26
Fósil........................28
Ámbar.......................30

Vida microscópica.........32

Cocolitóforo..................34
Kelp........................36
Diatomea....................38
Chispa de mar................40
Radiolario....................42
Estrella de arena..............44
Alga verde...................46
Ameba......................48
Hongo......................50
Liquen......................52
Oso de agua.................54
Copépodo...................56

Plantas....................58

Hepáticas...................60
Musgo puntiagudo.............62
Helecho.....................64
Ginkgo......................66
Secuoya gigante..............68
Nenúfar.....................70
Magnolia....................72
Lirio........................74

Orquídea....................76
Iris.........................78
Árbol del drago...............80
Cocotero....................82
Árbol del viajero..............84
Bromelia....................86
Papiro......................88
Bambú......................90
Amapola....................92
Protea......................94
Siempreviva..................96
Acacia......................98
Rosa.......................100
Higuera.....................102
Ortiga......................104
Mangle.....................106
Pasiflora....................108
Rafflesia....................110
Eucalipto....................112
Arce.......................114
Baobab.....................116
Drosera.....................118
Planta odre..................120
Rodadoras..................122
Piedras vivas.................124
Cactus.....................126
Planta fantasma..............128
Girasol.....................130
Diente de león...............132
Cardo marino................134

Animales....................136

Esponja.....................138
Coral.......................140
Carabela portuguesa......142
Platelminto..................144
Gusano.....................146

Almeja gigante...............148
Caracol.....................150
Nautilo.....................152
Tarántula....................154
Milpiés.....................156
Langosta....................158
Abejorro....................160
Erizo de mar.................162
Tiburón ballena...............164
Pez puercoespín..............166
Tritón......................168
Rana.......................170
Tortuga.....................172
Lagarto.....................174
Serpiente de cascabel.....176
Gavial......................178
Casuario....................180
Pato.......................182
Paloma.....................184
Garza......................186
Águila......................188
Pájaro carpintero.............190
Ave tejedora.................192
Equidna.....................194
Uómbat.....................196
Armadillo...................198
Manatí.....................200
Chimpancé..................202
Murciélago..................204
Jaguar......................206
Oso pardo...................208
Tapir.......................210
Saiga.......................212

Glosario....................214
Guía visual..................216
Agradecimientos.............224

Elementos

Son las sustancias básicas de las que están hechas las cosas. Pueden ser sólidos, líquidos o gaseosos, y pasar de un estado a otro.

Fósiles

Son rocas compuestas por restos de plantas y animales muertos. Las huellas, las madrigueras y las heces pueden fosilizarse también.

Rocas y minerales

Nuestro planeta es una enorme esfera compuesta por muchos ingredientes distintos. Los más simples son los elementos, como el hierro y el oxígeno. Cuando varios elementos se mezclan y forman un material sólido, obtenemos un mineral. Cuando dos o más minerales distintos se combinan, se crea una roca. A veces extraemos rocas y minerales del suelo para fabricar cosas con ellos, o los tallamos y pulimos para obtener piedras preciosas. En este apartado encontrarás los elementos básicos: los minerales, las rocas y los fósiles.

Rocas

Están compuestas básicamente por minerales. Se clasifican en distintos grupos, en función de cómo se han formado. Las rocas ígneas se forman a partir de roca líquida caliente que se ha enfriado, normalmente de origen volcánico. Las rocas sedimentarias se forman cuando se juntan trozos de otras rocas. Y las rocas metamórficas, cuando otras rocas se calientan y se comprimen.

Sedimentaria

Ígnea

Metamórfica

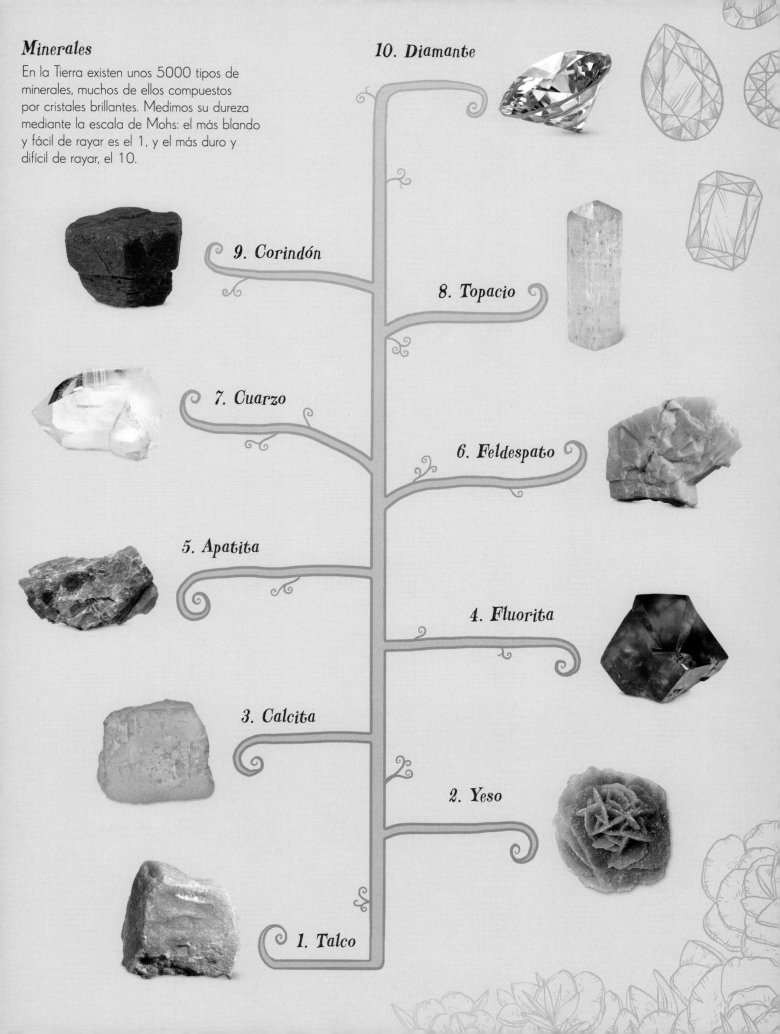

Minerales

En la Tierra existen unos 5000 tipos de minerales, muchos de ellos compuestos por cristales brillantes. Medimos su dureza mediante la escala de Mohs: el más blando y fácil de rayar es el 1, y el más duro y difícil de rayar, el 10.

10. Diamante

9. Corindón

8. Topacio

7. Cuarzo

6. Feldespato

5. Apatita

4. Fluorita

3. Calcita

2. Yeso

1. Talco

Oro

Oro, 2,5-3

*La mayoría del oro hallado cerca de la superficie
de la Tierra procede de meteoritos que se estrellaron
contra nuestro planeta.*

Si ves un destello procedente del fondo de un río, podría ser oro. El oro es un elemento peculiar porque puede encontrarse en trozos sólidos que no están integrados en otras rocas. Adopta la forma de delicadas escamas o pepitas que suelen ser arrastradas a los ríos.

A lo largo de la historia, el hombre ha deseado poseer este metal precioso. Los incas de Sudamérica creían que el oro era el sudor de su dios sol, Inti. A principios del siglo XIX, más de 300 000 personas se desplazaron a California, en Estados Unidos, para buscar oro en los cauces de los ríos. Solo unos cuantos encontraron la cantidad suficiente como para hacerse ricos durante la «fiebre del oro».

Una variedad de yeso llamada selenito puede formar cristales enormes, de hasta 12 m de largo.

Rosa del desierto

Si pudieras transformar una rosa en una roca por arte de magia, tendría este aspecto. Sin embargo, no tiene nada que ver con la magia. Cuando un lago de agua salada se seca en un lugar cálido, pueden quedar pedazos de mineral de yeso. Los granos de arena se mezclan con el yeso, el sol los endurece y aparecen los grupos de «pétalos» que forman la rosa del desierto. A veces varias rosas del desierto se juntan formando un bonito ramo.

El yeso es un mineral muy común y útil. Se le puede añadir agua para hacer escayola, que luego se transforma en paneles que se usan como paredes en los edificios. Los médicos usan también la escayola, para enyesar brazos y piernas rotas.

Hace 5000 años, los antiguos egipcios trituraban malaquita hasta obtener un polvo con el que preparaban pintura verde.

Malaquita

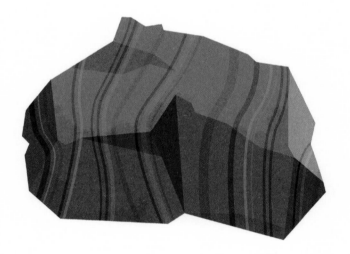

¿Sabes qué metal contiene la malaquita? Quizá te sorprenda, a la vista de su color verde brillante, pero está llena de cobre. La malaquita suele crecer por capas, de ahí su diseño a rayas, y a menudo se utiliza como una piedra preciosa.

A principios del siglo XIX se descubrieron en Rusia unos enormes bloques de malaquita. ¡Algunas piezas pesaban tanto como cinco elefantes! Una parte de ella se empleó para decorar la Sala de Malaquita, del Palacio de Invierno en San Petersburgo. Actualmente, uno de los objetos más famosos hecho con malaquita es el trofeo que se concede al ganador del Mundial de Fútbol de la FIFA, que tiene la base decorada con dos franjas de este mineral.

Malaquita, 3,5-4

Fluorita

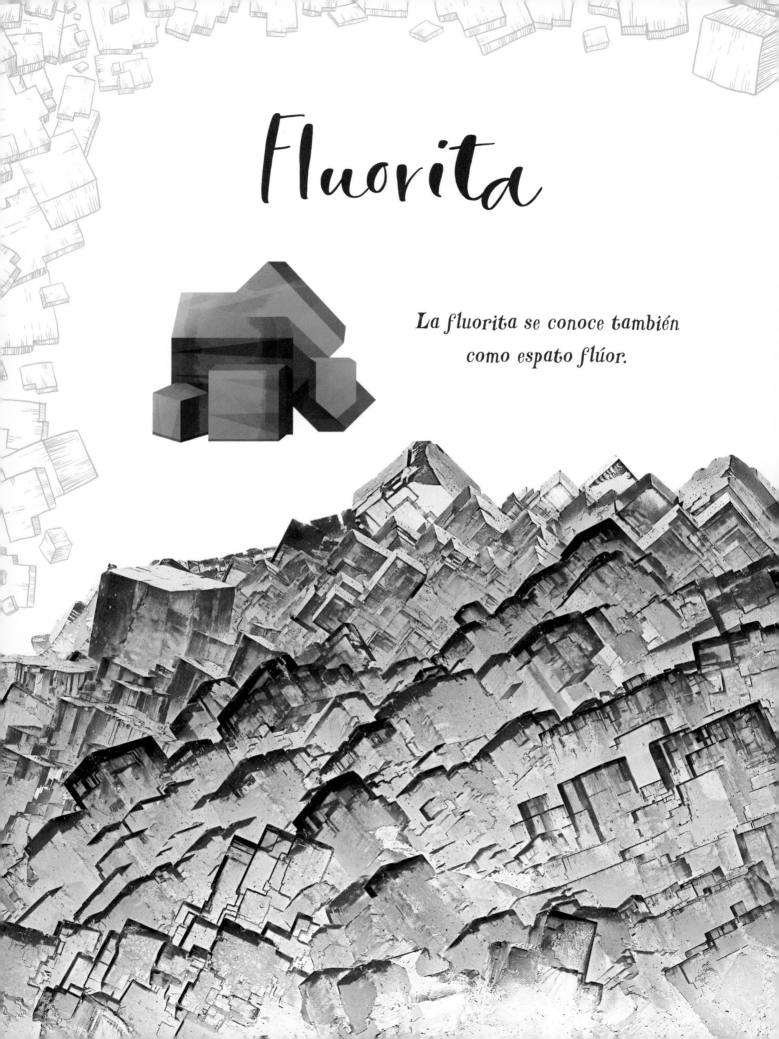

La fluorita se conoce también
como espato flúor.

Podrían parecer la silueta de una gran ciudad, pero estos bloques son cubos de fluorita. La fluorita puede ser de muchos colores, e incluso un mismo cristal puede presentar más de un color. Si proyectas sobre ella una luz ultravioleta especial, cambia de tonalidad: ¡se vuelve azul brillante y parece que resplandezca! Este resplandor se denomina fluorescencia.

La Blue John es una variedad especial de fluorita que tiene unas bonitas franjas moradas, blancas y amarillas, y se extrae en las minas de Derbyshire, Reino Unido. Los romanos la usaban para hacer copas y otros objetos decorativos, y hoy en día sigue siendo muy apreciada por los coleccionistas.

Fluorita, 4

Ópalo

¡Hay ópalos en Marte!
Pueden verse en las fotografías
de la superficie del planeta rojo.

Ópalo de fuego

Ópalo precioso

Ópalo blanco

Los ópalos son agua de lluvia solidificada. Cuando la lluvia cae sobre la roca, el agua arrastra a veces minerales disueltos hasta el interior de las grietas. Muy lentamente, se transforman en un ópalo, pero tarda muchos miles de años. Parte del líquido queda atrapado dentro de la gema: hasta una décima parte del ópalo es agua.

Haz girar un ópalo en tus manos y te parecerá que hay un fuego en su interior. Según desde dónde se mire, la luz que refleja se ve amarilla, naranja, azul o verde. Los griegos pensaban que los ópalos eran las lágrimas de Zeus, el rey de los dioses. Tras ganar una batalla, lloraba de alegría y sus lágrimas se convertían en ópalos al caer al suelo.

Ópalo precioso, 5-6

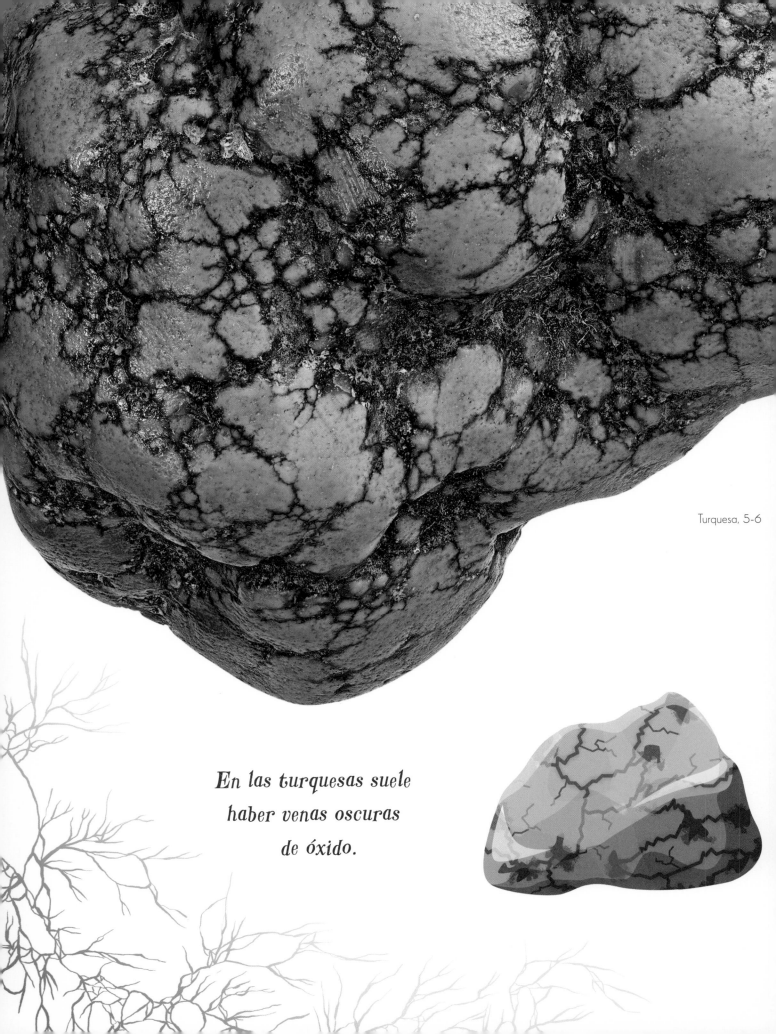

Turquesa, 5-6

En las turquesas suele
haber venas oscuras
de óxido.

Turquesa

¿**A** zul verdoso o verde azulado? Cuesta decirlo, porque presenta una mezcla de ambos colores. Su bonita tonalidad azul y verde se debe, respectivamente, a dos metales: el cobre y el hierro. Si contiene más hierro es más verde, y si contiene más cobre, más azul.

La turquesa es una de las primeras gemas que los humanos excavaron. En Oriente Medio se han encontrado perlas turquesas de 7000 años de antigüedad. Los aztecas de México usaban las turquesas para realizar collares, máscaras y otros objetos. Las asociaban con los dioses, entre ellos el dios del fuego Xiuhtecuhtli, cuyo nombre significa Señor de la Turquesa.

Pirita

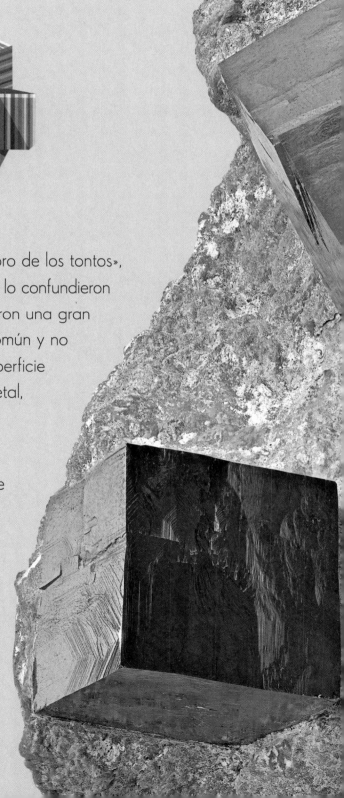

E ste mineral también se conoce como el «oro de los tontos», ¡y está claro por qué! Muchos buscadores lo confundieron con el oro. Pero en vez de hacerse ricos, sufrieron una gran decepción, porque este mineral es bastante común y no vale mucho. Se llama pirita y presenta una superficie metálica y brillante. Está compuesta por un metal, el hierro, y un elemento amarillo, el azufre.

La pirita suele presentar cristales en forma de cubo. Sus caras son tan rectas y perfectas que parecen hechas por una máquina. A veces tienen filones rectos, lo que les da el aspecto de una caja rayada.

Antiguamente, las láminas de pirita se usaban como espejo.

Corindón

Rubí

Zafiro

¿Qué brilla como una estrella y es duro como una piedra? ¡Una gema! Las gemas son fragmentos de minerales tallados para que brillen. Dos de las más conocidas son los rubíes y los zafiros. Ambas se componen del mismo mineral —el corindón—, pero pequeñas cantidades de otras sustancias químicas alteran su color. Los rubíes son siempre rojos y los zafiros suelen ser azules, pero también pueden ser de otros colores, entre ellos amarillo, verde y naranja.

Las gemas más grandes y brillantes pueden ser muy valiosas. El Sunrise Ruby (rubí del amanecer) solo pesa 5 g, pero se vendió por más de 30 millones de dólares en 2015. El zafiro Stuart es una joya gigante, de casi 4 cm de largo, que se encontró en una corona que perteneció a la familia real británica.

El corindón es extremadamente duro. Solo hay un mineral más duro: el diamante.

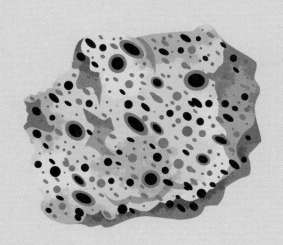

*Los romanos mezclaban la pumita
con otros materiales para preparar un hormigón
muy resistente para sus casas y templos.*

Pumita

¿Qué es eso que hay en el agua? Parece una manta gris sobre las olas del mar, pero ¡si te acercas verás que son un montón de rocas que flotan a la deriva! Es la pumita o piedra pómez. La pumita está repleta de agujeros, que hacen que sea tan ligera que puede flotar en el agua.

Pero ¿de dónde salen esas rocas? La pumita es un vidrio volcánico. A veces, al salir despedida de un volcán, la lava está llena de burbujas de gas, como un refresco de burbujas. Cuando la espuma al rojo vivo se enfría, se solidifica formando la pumita y las burbujas dejan una gran cantidad de bolsas diminutas. Si un volcán submarino entra en erupción, se crea pumita bajo el agua, que flota hasta la superficie formando una balsa de pumita. ¡Misterio resuelto!

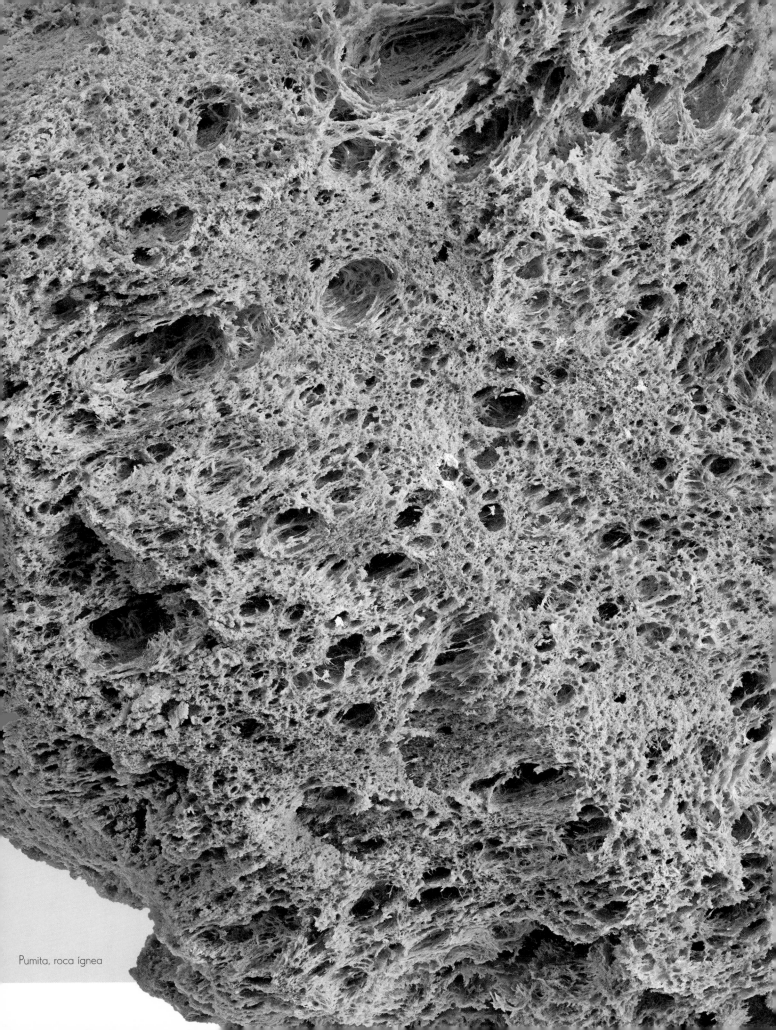

Pumita, roca ígnea

Arenisca

Los restos de animales suelen quedar atrapados entre las capas de arenisca, así que resulta un lugar ideal para buscar fósiles.

Arenisca,
roca sedimentaria

s fácil deducir de qué está compuesta la arenisca: los granos de arena de su interior se distinguen claramente. Con el tiempo, el agua arrastra granos de otras rocas a los ríos, que a su vez los llevan hasta los lagos o los mares. La arena se acumula, capa a capa, como un sándwich gigante. El peso de las capas superiores aplasta las inferiores, hasta que los minerales que contienen se mezclan. Aunque se moje, ¡la arenisca no se derrumba como un castillo de arena!

En medio de Australia, en pleno desierto, se eleva una formación rocosa, el Uluru. Se trata de un enorme monolito de arenisca rojiza. Ocupa lo mismo que 30 campos de fútbol, pero no es más que la punta de una enorme capa de arenisca que se esconde bajo tierra.

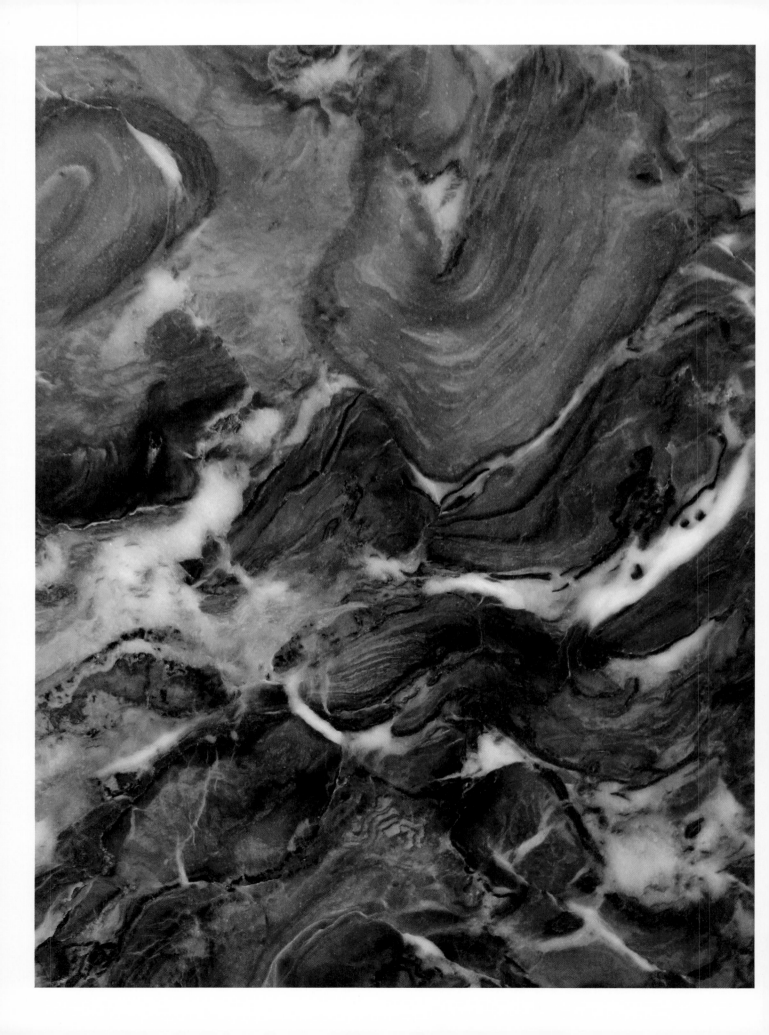

Mármol

A mucha profundidad bajo tierra, muy por debajo de nuestros pies, la Tierra es sumamente caliente y está bajo una gran presión a causa del peso de la roca que tiene encima. Estas fuerzas son tan poderosas que pueden transformar un tipo de roca en otra. Así, pues, convierten la caliza en mármol.

El mármol es una de las rocas más bellas que existen. Puede ser de muchos colores: negro, gris, verde y blanco; y suele presentar motivos en espiral de otros minerales. Se puede pulir hasta que queda muy liso y es fácil tallarlo. Por todo ello, el mármol es muy popular en edificios y esculturas. Pero es muy pesado: un cubo de mármol de 1 m de lado puede pesar más que un rinoceronte.

Uno de los edificios más famosos de la India, el Taj Mahal, está recubierto de mármol blanco.

Mármol,
roca metamórfica

Amonites,
en todo el mundo

En el pasado, la gente confundía los
fósiles de dinosaurio con restos
de dragones y monstruos.

Fósil

¿Es un animal de oro? Sí y no. A veces, cuando
un animal o una planta muere, queda atrapado
en la arena o el lodo. Las partes blandas se descomponen
y quedan solo los huesos, caparazones y tallos. A lo largo
de millones de años, los materiales de estas partes duras
son reemplazados por minerales y se convierten así en fósiles.
¡Algunos fósiles están compuestos por un mineral de color dorado
llamado pirita, que hace que brillen!

Los amonites suelen encontrarse en forma de fósil. Son caparazones
en forma de espiral de criaturas marinas muy antiguas. Se relacionan
con los pulpos y los calamares actuales, pero estaban protegidos por
un caparazón similar al del caracol.

Ámbar

¿Qué es dorado como la miel y brilla como el cristal? ¡El ámbar! Los antiguos griegos creían que eran gotas de luz solar solidificadas. En realidad, sale de los árboles. Los pinos y los abetos exudan un líquido espeso y pegajoso llamado resina cuando se daña su corteza. La resina gotea para tapar los cortes y luego se endurece. Como un hueso de dinosaurio, también se fosiliza, y se convierte en ámbar.

El ámbar puede ser una cápsula del tiempo del mundo prehistórico. Si una araña o un insecto pasa por la sustancia viscosa cuando todavía está pegajosa, puede quedar atrapado en ella. Si la resina se convierte en ámbar, quedan atrapados para siempre y podemos verlos tal como eran hace millones de años.

Hay un tipo de ámbar muy raro. Es naranja, pero si le da el sol, ¡se vuelve azul!

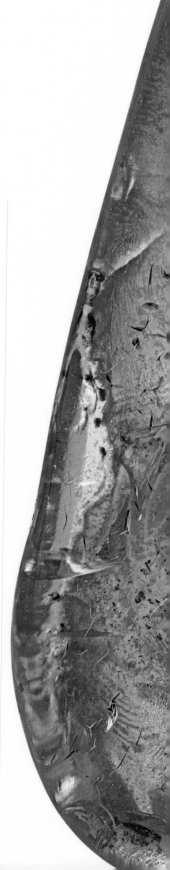

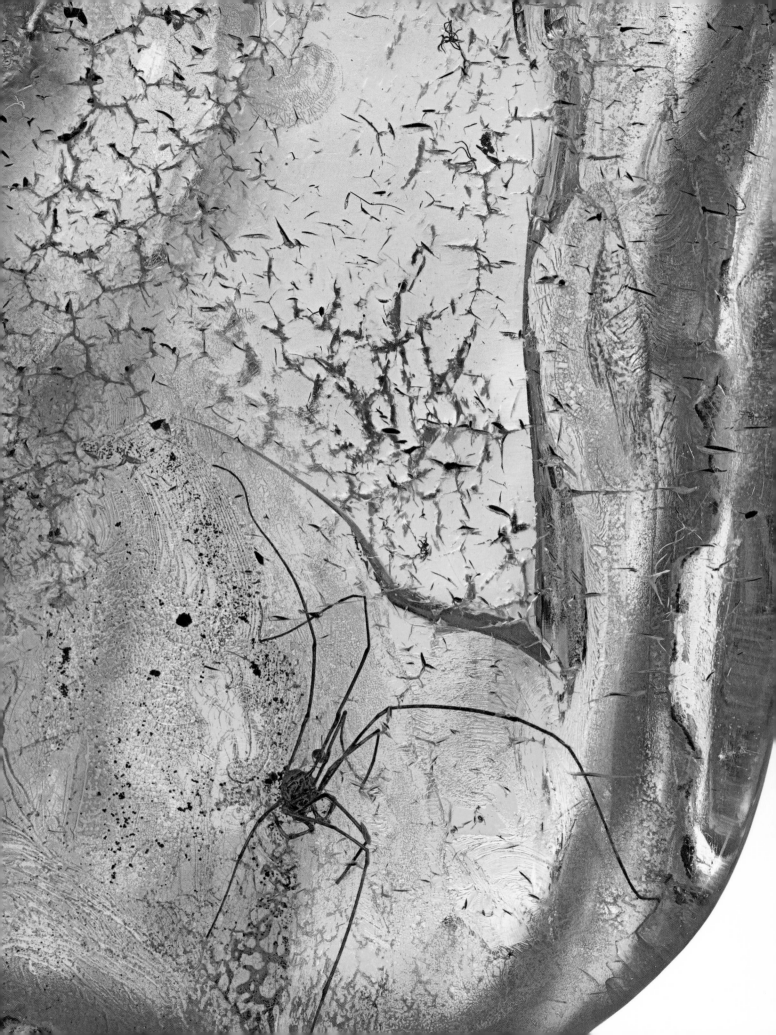

Vida microscópica

Es fácil olvidar que muchos organismos son demasiado pequeños para que podamos verlos. Algunas formas de vida simples son tan diminutas que solo cuentan con una célula. Las células son las piezas básicas de nuestro cuerpo: ¡un adulto tiene unos 60 billones de células! Los organismos más pequeños solo pueden verse con un microscopio. Algunos microscopios muy potentes muestran imágenes en blanco y negro, y el color suele añadirse para que la imagen sea más clara. La vida microscópica incluye animales y plantas minúsculos, y también seres vivos que no son ninguno de esos dos, como… los hongos. En este capítulo encontrarás desde algas simples hasta animales, todos ellos diminutos pero algunos muy complejos.

Protozoos

Estos pequeños organismos tienen una sola célula con un núcleo, o «centro de control». Incluyen depredadores diminutos, como las amebas, que fluyen como la baba.

Archaea

Estas formas de vida diminutas son muy simples, pero resistentes. Como las bacterias, solo tienen una célula, que no tiene núcleo, o «centro de control».

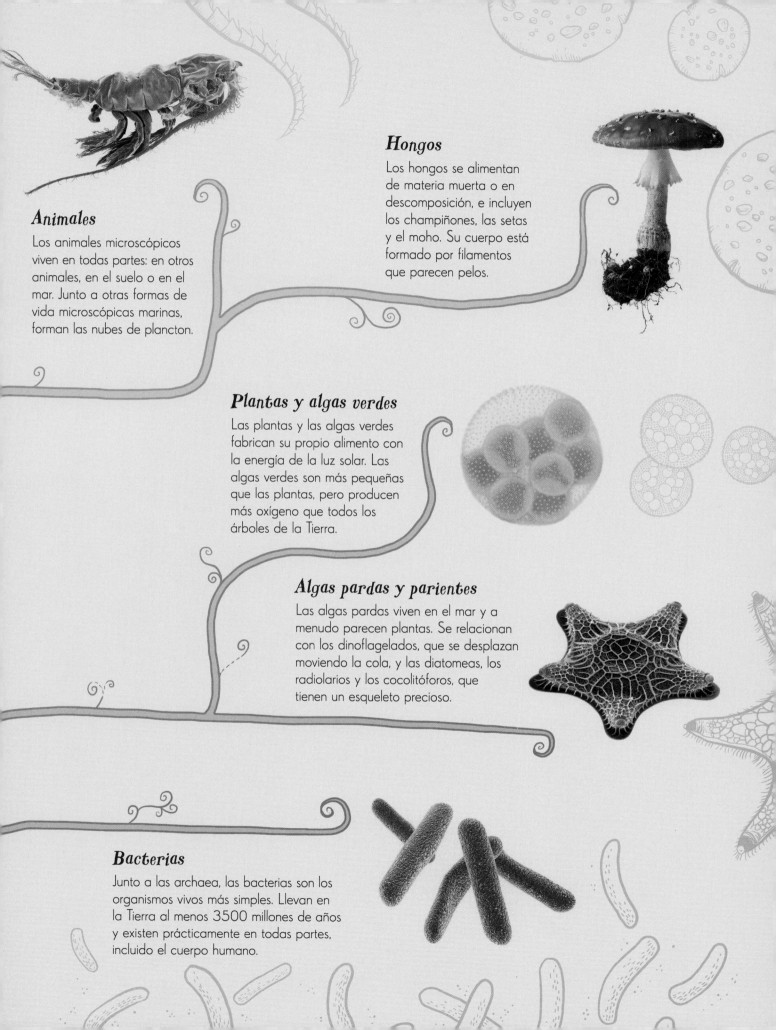

Animales

Los animales microscópicos
viven en todas partes: en otros
animales, en el suelo o en el
mar. Junto a otras formas de
vida microscópicas marinas,
forman las nubes de plancton.

Hongos

Los hongos se alimentan
de materia muerta o en
descomposición, e incluyen
los champiñones, las setas
y el moho. Su cuerpo está
formado por filamentos
que parecen pelos.

Plantas y algas verdes

Las plantas y las algas verdes
fabrican su propio alimento con
la energía de la luz solar. Las
algas verdes son más pequeñas
que las plantas, pero producen
más oxígeno que todos los
árboles de la Tierra.

Algas pardas y parientes

Las algas pardas viven en el mar y a
menudo parecen plantas. Se relacionan
con los dinoflagelados, que se desplazan
moviendo la cola, y las diatomeas, los
radiolarios y los cocolitóforos, que
tienen un esqueleto precioso.

Bacterias

Junto a las archaea, las bacterias son los
organismos vivos más simples. Llevan en
la Tierra al menos 3500 millones de años
y existen prácticamente en todas partes,
incluido el cuerpo humano.

Cocolitóforo

La caliza está compuesta por restos fosilizados
de cocolitóforos.

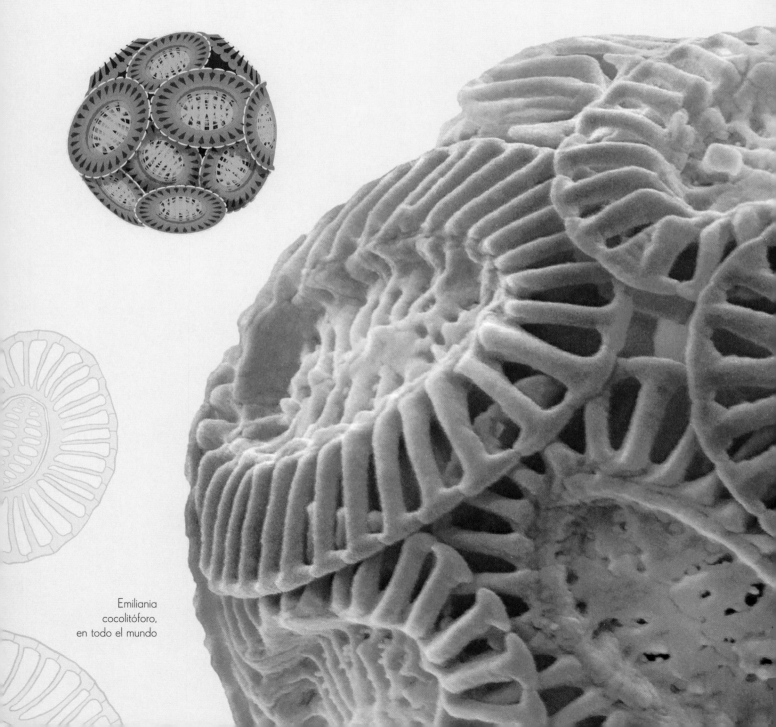

Emiliania
cocolitóforo,
en todo el mundo

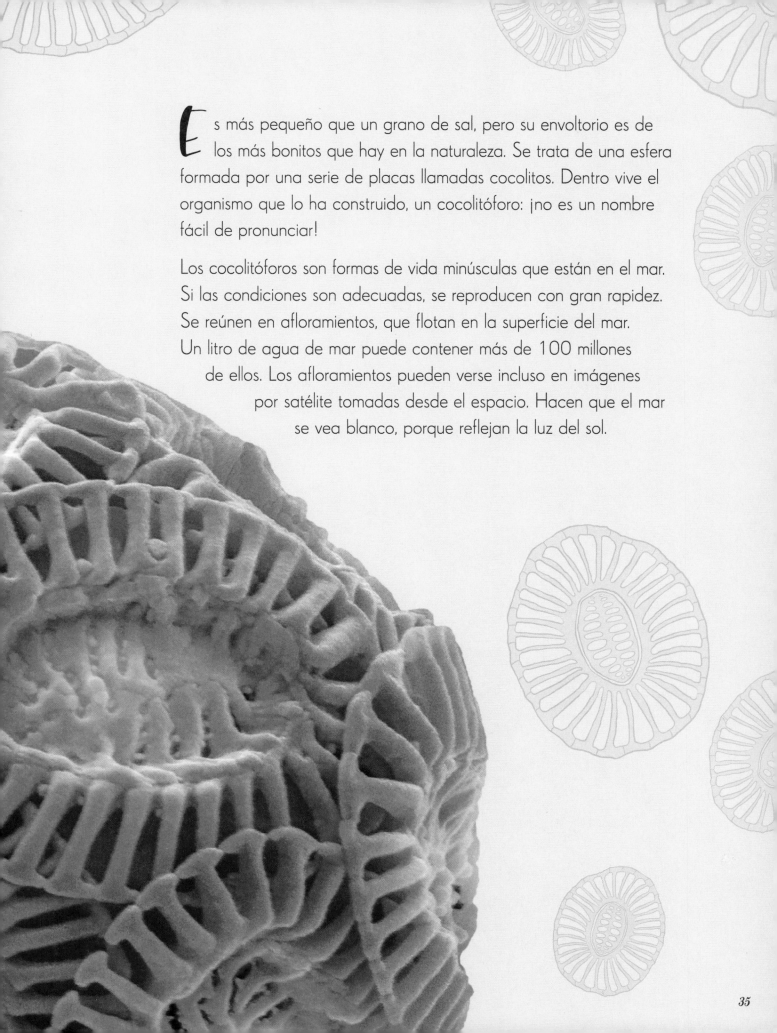

Es más pequeño que un grano de sal, pero su envoltorio es de los más bonitos que hay en la naturaleza. Se trata de una esfera formada por una serie de placas llamadas cocolitos. Dentro vive el organismo que lo ha construido, un cocolitóforo: ¡no es un nombre fácil de pronunciar!

Los cocolitóforos son formas de vida minúsculas que están en el mar. Si las condiciones son adecuadas, se reproducen con gran rapidez. Se reúnen en afloramientos, que flotan en la superficie del mar. Un litro de agua de mar puede contener más de 100 millones de ellos. Los afloramientos pueden verse incluso en imágenes por satélite tomadas desde el espacio. Hacen que el mar se vea blanco, porque reflejan la luz del sol.

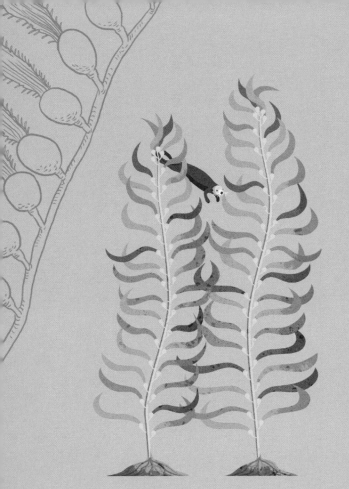

*El kelp gigante
puede crecer 60 cm
al día y alcanzar los
45 m de altura, tanto
como un árbol de la selva.*

Kelp

¿Te has cepillado alguna vez los dientes? ¿Te has lavado el pelo? ¿Has comido un helado? Si la respuesta es sí, ¡lo más probable es que hayas usado kelp! Hay un ingrediente del kelp que se suele añadir al dentífrico, el champú y los postres. El kelp es un alga marina que forma bosques submarinos. Muchos animales se ocultan entre sus anchas cintas, entre ellos peces, pulpos y nutrias marinas.

El kelp es un tipo de alga parda. Hay muchas clases de algas pardas, y no todas son grandes, pues algunas tienen filamentos como pelos de pocos centímetros de largo. Al igual que las algas verdes, las pardas producen su alimento usando la luz del sol. Algunos tipos tienen unas bolsas llenas de gas, que mantienen sus frondas viscosas cerca de la superficie soleada del mar.

Diatomea

Diatomeas,
en todo el mundo

Las diatomeas producen un tercio del oxígeno de la Tierra.

Pueden parecer golosinas de colores, pero son unas formas de vida diminutas emparentadas con las algas pardas, pero más pequeñas. Muchas son más finas que un pelo humano. Si añadimos color a sus fotografías, vemos lo complejos y distintos que pueden ser sus cuerpos. Su capa externa está compuesta de sílice, un material vítreo presente en la arena.

La mayor parte del plancton del mar está formado por diatomeas. Son el alimento de toda clase de animales que se alimentan por filtración, desde las esponjas hasta los tiburones peregrinos. ¡Cuando una diatomea muere, su elaborado esqueleto se hunde en el fondo del mar formando una alfombra que puede alcanzar los 500 m de profundidad!

Chispa de mar

Al caer la noche, la costa se ilumina. Mires donde mires, las olas brillan y resplandecen. Este sorprendente efecto lo provocan miles de millones de organismos vivos, ¡las chispas de mar! Las chispas de mar son dinoflagelados, unas formas de vida que viven en el agua y están formadas por una sola célula. Son tan pequeños que caben en la cabeza de un alfiler. Para desplazarse por el agua, mueven su larga cola de un lado a otro, como si fuera un látigo.

Las chispas de mar brillan si las tocas. Eso ahuyenta a los depredadores hambrientos, como los copépodos. Basta con el movimiento de las olas rompiendo en la orilla para que la playa entera brille.

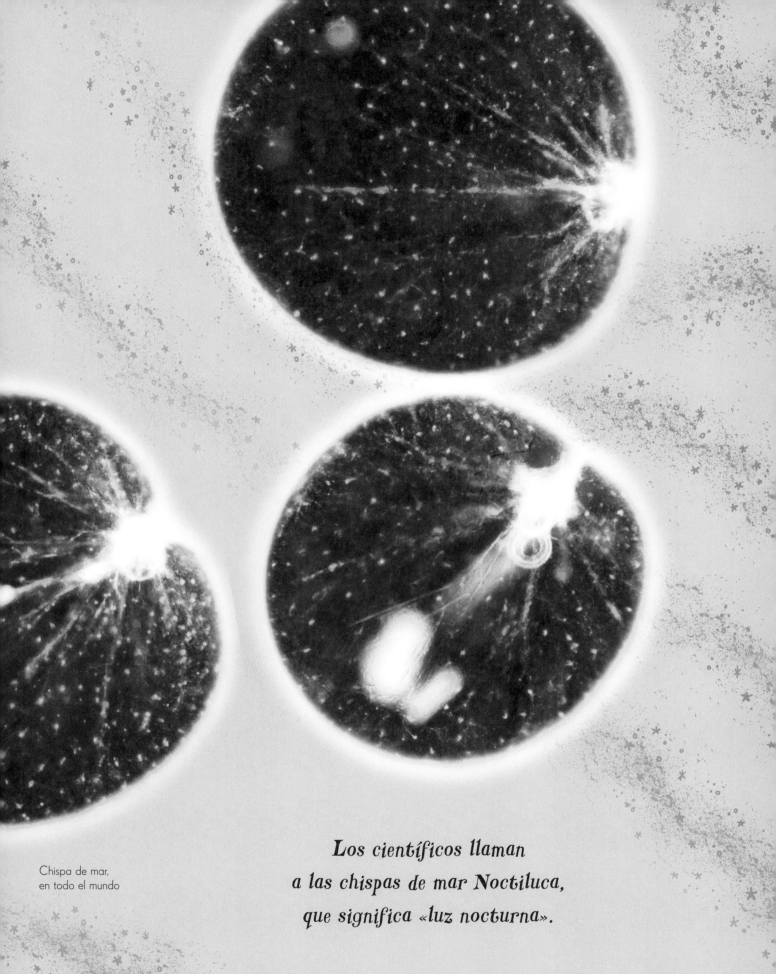

Chispa de mar,
en todo el mundo

Los científicos llaman
a las chispas de mar Noctiluca,
que significa «luz nocturna».

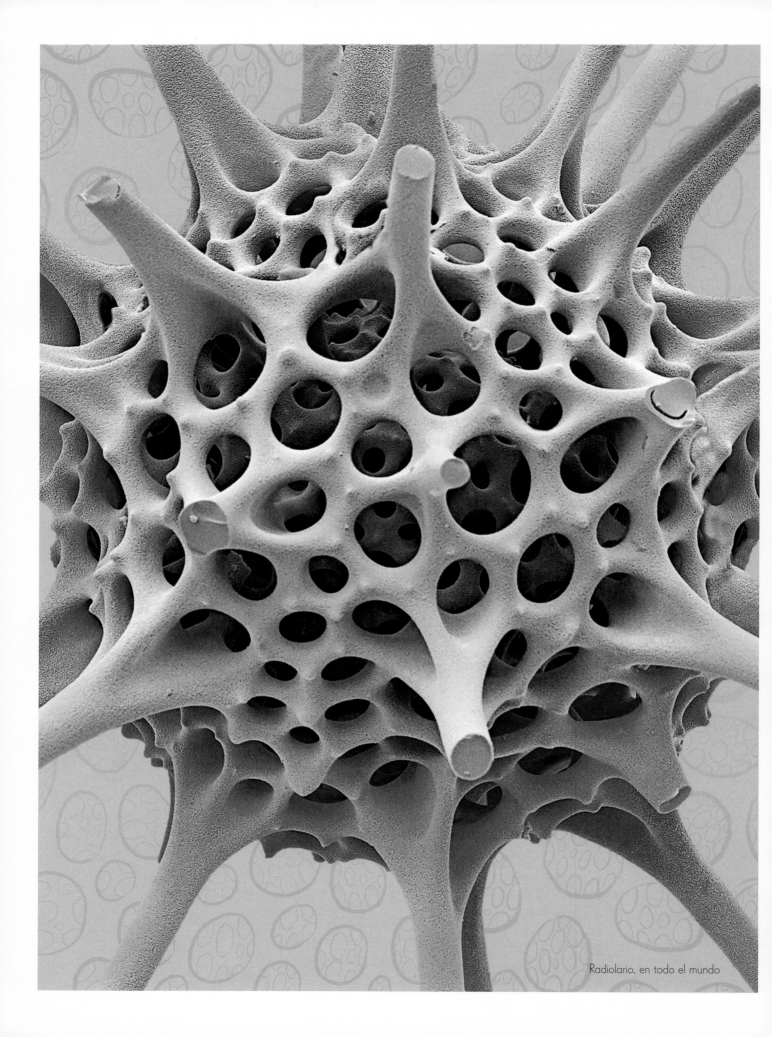

Radiolario, en todo el mundo

Algunos radiolarios tienen espinas
que les ayudan a flotar en el agua.
Pero son delicadas y es fácil que se rompan.

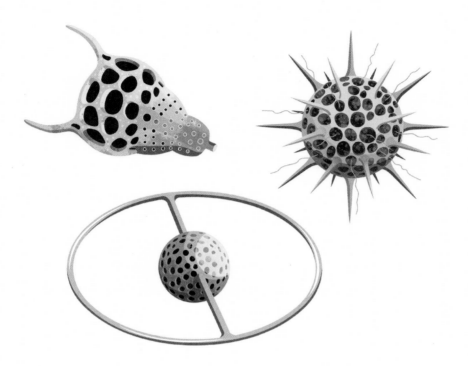

Radiolario

E l increíble armazón de estos seres microscópicos parece hecho
de cristal, ¡y es que lo es! Dentro de cada cámara hay un
organismo blando llamado radiolario. Cada uno de ellos construye
un delicado esqueleto de sílice, que es de lo que está hecho el cristal.

Los radiolarios viven en el océano. Para comer, sacan trocitos de su
cuerpo amorfo por los orificios de su armazón a fin de atrapar las
presas que pasan cerca de ellos. Al morir, su armazón queda hueco.
Algunos parecen estrellas y otros pelotas de golf, naves espaciales
o incluso el planeta Saturno. ¿A qué crees tú que se parecen?

Estrella de arena

¿Serán palomitas? ¿O cereales? No, son un montón de estrellas de arena. Aunque en realidad no se trata de arena, sino que son los caparazones de unas criaturas minúsculas llamadas foraminíferos. Tienen un esqueleto del tamaño de un grano de arena compuesto de caliza, algunos en forma de estrella. Viven en el fondo del mar y sacan una especie de bracitos por los agujeros del caparazón para atrapar raciones de algas o bacterias.

Cuando mueren, sus caparazones se amontonan en el lecho marino y, con el paso de millones de años, se transforman en rocas. A veces estos caparazones se encuentran en rocas muy alejadas de la costa. Eso indica que hace mucho esa zona estaba bajo el mar.

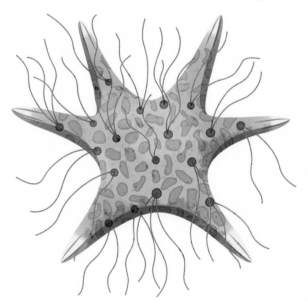

Hay playas del todo cubiertas de estrellas
de arena. ¡Algunas son rosas!

Estrella de arena japonesa,
océano Pacífico occidental

44

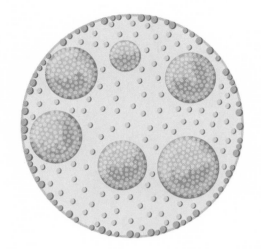

Volvox aureus,
en todo el mundo

Alga verde

Una sola gota de agua puede contener todas estas bonitas esferas que ves aquí. Cada bola es un alga verde llamada *Volvox aureus.* Se encuentran en estanques y charcas de agua dulce. Las algas verdes fabrican su alimento a partir de la energía del sol usando la misma sustancia química que las plantas. Esta sustancia, llamada clorofila, es la que les da su color.

Las algas verdes son un grupo enorme. Suelen ser diminutas y unicelulares, y para verlas hay que usar un microscopio. Pero pueden vivir juntas como limo verde o como algas. ¡Algunas viven sobre animales como los osos perezosos y los manatíes, haciendo que parezcan verdes!

Las esferas pequeñas que hay dentro de cada Volvox son crías. Al final crecen tanto que la esfera materna se abre.

Ameba

La ameba, como una gota de gelatina que haya cobrado vida, se desplaza con sus patas inestables. Si metes agua de un estanque en un vaso, probablemente hayas recogido con ella algunas amebas. Tienen una sola célula, pero las más grandes pueden verse a simple vista. No tienen cerebro y, para moverse, simplemente cambian de forma. Primero sacan unos apéndices y les sigue el resto de su cuerpo líquido, así que fluyen como la baba.

Son pequeñas pero no son mansas: ¡son tan fieras como los tigres! Se desplazan en torno a la presa y se enrollan a su alrededor, para digerirla viva. Suerte que la presa es otra forma de vida microscópica.

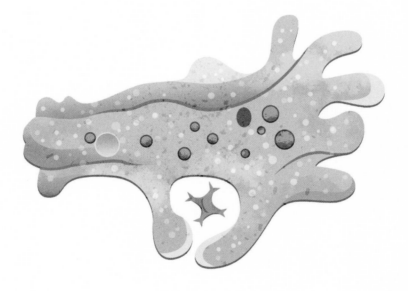

Las amebas pueden dividirse por la mitad para crear un par de crías idénticas.

Amoeba proteus,
en todo el mundo

Algunos hongos crecen en círculos o «anillos de hadas». Antiguamente se creía que en ellos bailaban las hadas y los elfos.

Hongo

El diseño rojo y blanco de este hongo es una señal de advertencia: ¡contiene un veneno mortal! No todos los hongos son peligrosos, pero muchos sí que lo son, así que nunca hay que recogerlos y comerlos. No son ni plantas ni animales. Pertenecen al grupo de los *Fungi*. Los champiñones y los mohos también son hongos. La mayor parte del hongo está oculta; solo vemos la parte del fruto. Bajo tierra desarrollan millones de hebras que parecen raíces. Se alimentan de restos muertos o en descomposición. ¡Puaj! Suena asqueroso, pero de ese modo recuperan el alimento del suelo. Mira si son importantes que la mayor parte de la vida del planeta no existiría sin ellos.

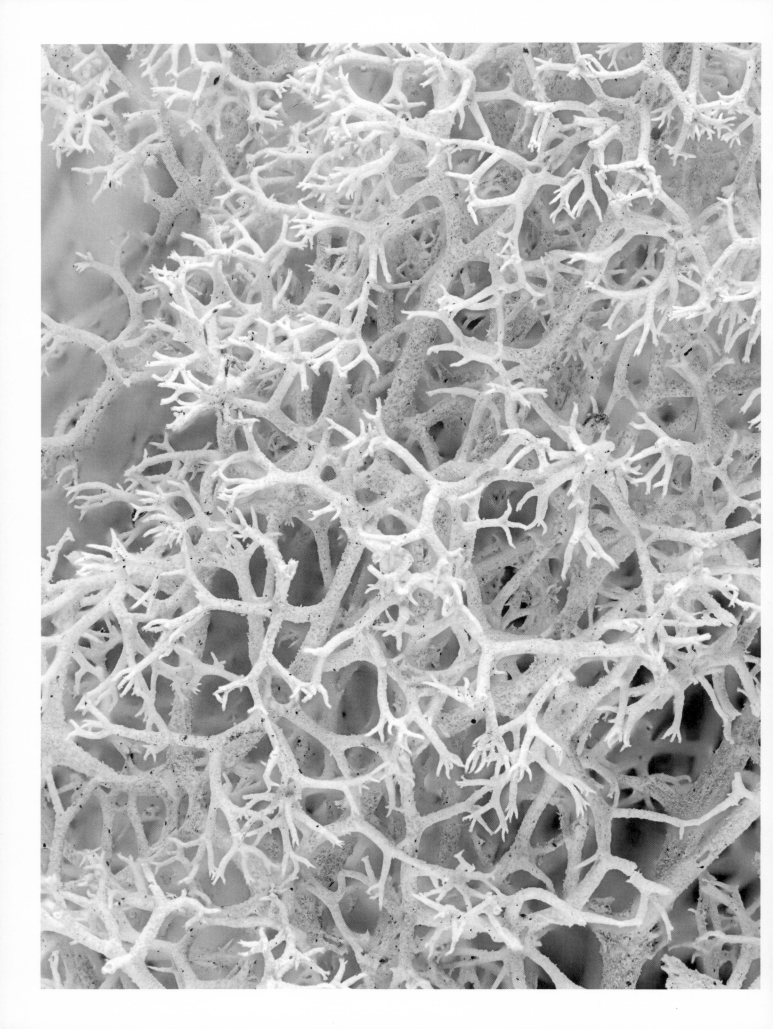

Liquen

A veces, en la vida hay que compartir, y de eso saben mucho los líquenes. Un liquen son dos organismos distintos que viven en un mismo cuerpo. Un hongo y un alga verde que habita en su interior. El hongo mantiene a salvo al alga y comparte el agua con ella. El alga fabrica alimento a partir de la luz del sol y lo comparte con el hongo. ¡Así los dos salen ganando!

Los líquenes se encuentran allí donde las condiciones son demasiado duras para las plantas. No necesitan tierra, por lo que puedes verlos en rocas, paredes o tejados, cerca del Polo Sur y en el Ártico. Para reproducirse, forman grupos de esporas que esparcen como si fueran semillas. Las del liquen de los renos son de color rojo intenso.

El liquen de los renos, gris plateado, es un alimento importante para los renos en invierno.

Liquen de los renos, en el Ártico

53

Oso de agua, en todo el mundo

Oso de agua

Estos microanimales están por todas partes y en cualquier lugar del mundo, desde las cimas de las montañas hasta en lo más profundo de los océanos. Solo necesitan un poco de agua. Miden unos 0,5 mm de largo y también se llaman tardígrados.

Son los animales más resistentes que existen. Pueden congelarse, hervirse, someterse a los rayos X o resistir grandes presiones... y sobrevivir. Si no hay nada de agua, se deshidratan y adoptan la forma de un tonel. ¡Cuando vuelve a haber agua, se expanden y siguen como si no hubiese pasado nada, aunque hayan transcurrido varios años!

En 2007 se envió unos osos de agua al espacio.
Son los únicos animales que han sobrevivido
en el exterior de un vehículo espacial.

Copépodo

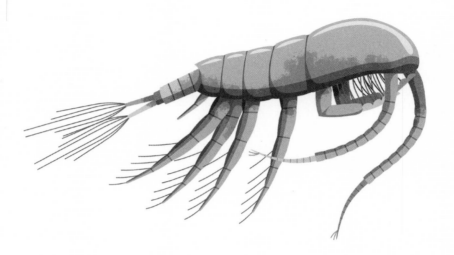

**Algunos copépodos son parásitos que viven
en otros animales. ¡Uno de ellos vive
en el ojo de un tiburón!**

Para ellos, una cucharada de agua es como una piscina. Son los parientes diminutos de las gambas. Se desplazan por el agua arrancando y parando, moviendo sus patas peludas. Suelen tener el cuerpo transparente, pero algunos brillan en la oscuridad adoptando un tono verde azulado. Muchos tienen un solo ojo en el centro de la cabeza, como los cíclopes.

Juntos realizan uno de los viajes más grandes de la Tierra. A la luz de la luna, montones de ellos suben a la superficie del mar en todo el mundo y por la mañana vuelven a las profundidades. Así evitan los peces hambrientos durante el día.

Copépodo temora,
océano Atlántico

Musgos

Son plantas simples que crecen formando suaves alfombras. La mayoría viven en lugares húmedos, como en bosques o donde hay agua dulce. Existen más de 9000 variedades.

Helechos

Con sus tallos enrollados y sus densas frondas, son muy corrientes en los bosques. Al igual que las hepáticas, los musgos y los pies de lobos, se reproducen por esporas.

Plantas

Las plantas, desde los musgos más pequeños hasta los árboles más altos, presentan todo tipo de formas y de tamaños. A diferencia de los animales, no pueden moverse para conseguir su alimento. La mayoría fabrican sus propios nutrientes a partir de tres elementos básicos: agua, luz solar y dióxido de carbono. Su característico color procede de un pigmento llamado clorofila. Es esta sustancia mágica la que atrapa la energía del sol con la que fabrican azúcar para alimentarse. En este capítulo encontrarás desde las modestas hepáticas hasta las flores más espectaculares.

Coníferas

Las coníferas y sus parientes son plantas que producen semillas en estructuras cónicas. Las coníferas, como los abetos, los pinos y los cipreses, suelen ser perennes.

Plantas con flores

La mayoría de las plantas pertenecen a este grupo. Muchas producen bonitas flores para atraer a los polinizadores, los animales que llevan el polen de flor en flor, para que den frutos y semillas.

Pies de lobo

No son musgos, sino otro grupo de plantas primitivas. Hace millones de años, eran tan altas como árboles, pero hoy en día, son pequeñas. Sus hojas son fuertes, estrechas y escamosas.

Hepáticas

Al principio, la superficie de la Tierra era árida y rocosa. Las hepáticas fueron unas de las primeras plantas verdes que aparecieron. No tienen raíces, ni hojas ni tallos, y se arrastran por el suelo en hábitats húmedos.

Cada ejemplar puede crecer varios metros de ancho con el paso del tiempo.

Hepáticas

Hace 470 millones de años no había animales en tierra firme. Ni dinosaurios, ni mamíferos ni siquiera insectos. Pero sí que había plantas: las hepáticas de color verde intenso. Son plantas simples sin raíces, nervios, tallos ni flores. Al no tener tallo, no son muy altas. Se arrastran por el suelo y las rocas, en lugares oscuros y húmedos.

A veces, les salen unos brotes que parecen unos diminutos paraguas. No les protegen de la lluvia, pero les ayudan a producir esporas, unas partículas parecidas a las semillas de las que salen nuevas hepáticas. También pueden reproducirse creciendo a partir de copias minúsculas de sí mismas.

Hepática común, Europa

Musgo puntiagudo

Caen las primeras gotas de lluvia en el desierto. Al cabo de poco está diluviando. El agua moja una bola seca con hojas muertas. Entonces ocurre algo increíble. La planta seca empieza a enderezarse, se abre y se pone verde. ¡Ha vuelto a la vida!

Esta planta es una variedad de musgo puntiagudo, una familia de plantas muy antigua. Esta especie en particular se conoce también como planta dinosaurio. Cuando el suelo se seca demasiado, sus hojas se enroscan y la planta se cierra. Si vuelve a mojarse, a las pocas horas se abre de nuevo. Su secreto se debe en parte a que sus hojas pueden doblarse y enrollarse sin romperse.

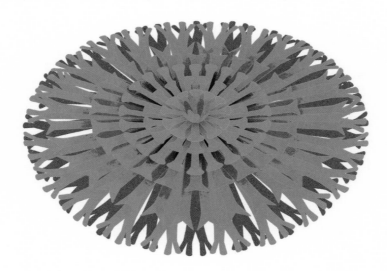

Una planta dinosaurio puede perder el 95 % del agua y sobrevivir como una bola seca durante años.

Planta dinosaurio,
sur de Norteamérica

Helecho arbóreo,
Australia

Helecho

¿**Q**ué comían los dinosaurios
vegetarianos? ¡Helechos!
La mayoría de las plantas actuales todavía
no existían, así que los helechos solían formar
parte de la dieta prehistórica. Aún pueden encontrarse helechos
en lugares oscuros y húmedos, sobre todo en los bosques.

Son fáciles de reconocer por sus densas frondas, de hojas largas y
triangulares. Algunos helechos crecen a partir de un tronco de sus
propias raíces y pueden llegar a ser muy altos: el helecho arbóreo
puede crecer tanto como una jirafa. Otros crecen sobre los
árboles para poder alcanzar la luz del sol en los bosques tupidos.

*El carbón se compone
de helechos y plantas
prehistóricas que se
acumularon en las rocas
durante millones de años.*

Ginkgo

Ginkgo, China

El nombre de ginkgo procede del chino
y significa «melocotón de plata».

Hace más de 200 millones de años, la Tierra estaba cubierta por enormes bosques de ginkgos. Hoy, los ginkgos silvestres viven solo en una pequeña zona de China, pero en todo ese tiempo apenas han cambiado. A veces se los considera fósiles vivientes. Sus hojas en forma de abanico no se parecen a ninguna de las que podemos encontrar hoy en la Tierra. En otoño, se ponen amarillas y luego se caen.

Son o hembras o machos, así que se parecen más a un animal que a una planta, y no producen flores. Los árboles hembra tienen unos brotes pegajosos en los que se pega el polen que producen los árboles macho. Los frutos que salen en los árboles hembra huelen de una manera muy desagradable. ¡Como si estuvieran malos!

Secuoya gigante

La secuoya gigante no suele pasar inadvertida, ya que destaca sobre el resto de los árboles. Se puede decir que son los rascacielos de la naturaleza. El ejemplar vivo más alto mide 84 m de altura. ¡En Estados Unidos se han perforado túneles en los troncos de algunas secuoyas para que puedan pasar los coches por dentro! Su corteza, del color del óxido, gruesa y esponjosa, protege al árbol de los incendios forestales. Las secuoyas son una variedad de coníferas, con sus finas hojas de aguja y sus piñas llenas de semillas. Pese a su tamaño enorme, sus piñas miden solo unos 5 cm de ancho.

Algunas secuoyas tienen 3500 años, así que echaron raíces cuando los faraones gobernaban en el antiguo Egipto.

Nenúfar

Sus hojas en forma de almohadillas flotan en la superficie de los ríos, proporcionando isletas en las que ranas e insectos pueden descansar. Debajo tienen un grueso tallo que los une al fondo embarrado, como si fuera el ancla de un barco. Las hojas del nenúfar gigante del Amazonas, que miden 2,5 m de ancho, tienen espinas para protegerse de los peces hambrientos.

Producen también una flor preciosa, pero ¡es una prisión! Los escarabajos, atraídos por la fragancia de su flor blanca, se meten en su interior. La flor permanece cerrada toda la noche, dejándolos atrapados y cubriendo de polen a los insectos. A la mañana siguiente, la flor se vuelve rosa y deja salir a los escarabajos, que llevan el polen hasta otros nenúfares.

Nenúfar gigante del Amazonas, norte de Sudamérica

Cada nenúfar gigante del Amazonas puede desarrollar hasta 50 hojas enormes.

Las magnolias deben su nombre al científico
francés **Pierre Magnol**, que estableció
el parentesco entre las plantas.

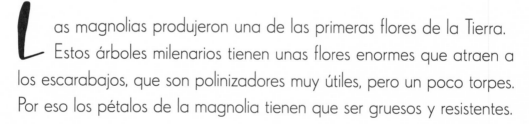

Las magnolias produjeron una de las primeras flores de la Tierra. Estos árboles milenarios tienen unas flores enormes que atraen a los escarabajos, que son polinizadores muy útiles, pero un poco torpes. Por eso los pétalos de la magnolia tienen que ser gruesos y resistentes.

Algunas magnolias pierden las hojas en otoño. Sus capullos tienen una funda peluda que los mantiene calientes en invierno. En primavera, echan flores antes de que vuelvan a crecerle las hojas. Otras, como la magnolia sureña, son de hoja perenne. ¡Esta produce unas enormes flores blancas de hasta 30 cm de ancho! Su curioso fruto contiene semillas rojas, que a los pájaros y a las ardillas les encantan.

Lirio

Los lirios, o azucenas, son una de las flores más espectaculares del mundo. Desprenden un dulce perfume. La flor del lazo atigrada debe su nombre a sus pétalos naranjas y negros, pero también a que en Asia, según la leyenda, un tigre se convirtió en esa flor. Los lirios desaparecen en invierno. Pasan los meses fríos bajo tierra, como un bulbo en forma de cebolla. Los bulbos están llenos de alimento, que el lirio usa para crecer cuando vuelve el buen tiempo. En el centro de sus flores puedes ver lo que parecen unas salchichas diminutas insertadas en un palo. Están recubiertas de polen. Cuando un insecto las toca, el polen se le pega. Así se esparce de planta en planta.

La flor de lazo atigrada produce unos minibulbos en la base de sus hojas, que se abren y dan nuevos lirios.

Flor de lazo
atigrada, Asia

Orquídea

Tendrás que mirarla dos veces. ¡No es un pato, es una orquídea! En el mundo hay 30 000 especies de orquídeas y muchas de ellas tienen formas insólitas. ¡Una parece la cara de un mono, y otras una paloma blanca, abejas peludas, moscas relucientes o incluso unas babuchas!

Algunas desprenden un fuerte olor que no siempre es agradable. Pueden oler a naranja, vainilla o chocolate, pero también a orina. La orquídea de Darwin huele más fuerte por la noche para atraer a un tipo especial de polillas que tiene una lengua de 30 cm de largo; la necesita para llegar hasta el néctar que la orquídea esconde al final de un largo tubo.

Las orquídeas producen una gran cantidad de semillas. Algunas pueden esparcir ¡hasta 10 millones de semillas en un año!

Orquídeas de pato,
Australia

Iris

Los iris son muy apreciados por sus enormes pétalos de bonitos colores. Crecen a partir de bulbos, como los narcisos y los tulipanes, o de gruesos tallos subterráneos. Sus vistosas flores pueden ser rojas, naranjas, amarillas, azules o moradas. Muchos presentan líneas o filas de puntitos en los pétalos hacia el centro de la flor. Son señales para el aterrizaje de los insectos, ya que les muestran dónde van a encontrar el néctar.

En la antigua Grecia, Iris era la diosa del arcoíris. Una de sus tareas consistía en llevar mensajes a los otros dioses. Se decía que podía volar tan velozmente como el viento.

Iris reticulado,
Asia occidental

El iris reticulado
mide solo 10 cm de altura,
pero el iris azul puede
ser alto como un poni.

Árbol del drago,
isla de Socotra, sur del Yemen

Árbol del drago

En una isla desierta, en medio del mar azul, al este de África, ¡hay un árbol que sangra! Si le hicieras un corte, saldría de él un extraño líquido rojo. No es sangre, sino resina, que protege la corteza dañada. Tiempo atrás, los comerciantes que visitaban la isla, creían que era mágico. La gente empezó a recoger esa sangre y la dejaba secar para venderla como poción. Actualmente se sigue recogiendo, pero se usa como tinte rojo.

Una leyenda de la isla habla de la lucha entre un dragón y un elefante, y cuenta que el árbol del drago creció donde se había derramado la sangre de aquel.

Estos árboles parecen paraguas puestos del revés.
Sus ramas se alzan hacia arriba y recogen
el agua de la bruma marina.

Cocotero

No te sientes nunca debajo de un cocotero. ¡Cuando un coco se cae del árbol, es como una bala de cañón! Los cocos maduros tienen una funda gruesa y vellosa bajo la cáscara que hace que floten. Si un coco va a parar al mar, es arrastrado por las olas. Si recala en una playa, usa el alimento almacenado y la leche de coco para convertirse en un nuevo árbol.

Los cocoteros que el viento mece con suavidad nos traen imágenes de soleadas playas tropicales, pero cuando hay tormenta, se ven azotadas por la lluvia y el viento. Por suerte, sus hojas dejan pasar el viento y su tronco flexible impide que el árbol se rompa.

Cuesta mucho partir un coco, pero
las pinzas del cangrejo de los cocoteros
son lo bastante grandes para lograrlo.

Cocotero,
costas de los océanos
Pacífico e Índico

Árbol del viajero

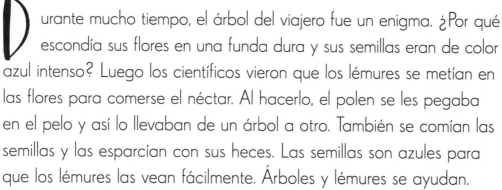

Durante mucho tiempo, el árbol del viajero fue un enigma. ¿Por qué escondía sus flores en una funda dura y sus semillas eran de color azul intenso? Luego los científicos vieron que los lémures se metían en las flores para comerse el néctar. Al hacerlo, el polen se les pegaba en el pelo y así lo llevaban de un árbol a otro. También se comían las semillas y las esparcían con sus heces. Las semillas son azules para que los lémures las vean fácilmente. Árboles y lémures se ayudan.

Sus hojas forman un gran abanico. A medida que el árbol crece, sus hojas inferiores caen, así que el abanico va subiendo hacia arriba.

Según la leyenda, las hojas de este árbol apuntan siempre en la misma dirección, así que los viajeros pueden usarlo para encontrar el camino.

Árbol del viajero, Madagascar

Algunas bromelias no necesitan un árbol;
les basta una estructura artificial,
como el tendido eléctrico.

Bromelia

En algunos bosques tropicales, hay jardines de flores en los árboles. Esas flores son bromelias y se encaraman por ramas y troncos. Sus hojas cerosas forman una especie de cáliz y pueden ser verdes, rosas o amarillas. Sus flores son pequeñas y crecen justo en el centro.

¿Cómo pueden vivir sin tierra? En los bosques tropicales llueve mucho, así que toman el agua que necesitan del aire. La lluvia cae sobre sus hojas y forma charquitos, donde habitan renacuajos, que suben hasta la copa para poner sus huevos, ¡y también unos cangrejos diminutos!

Bromelia tanque, Brasil

Los tallos del papiro no son redondos, sino triangulares.

Papiro

Algunas plantas son tan importantes que han contribuido a modelar la historia. Una de ellas es el papiro. Es un tipo de hierba llamada juncia con una copa que parece un pompón. Le encanta tener las raíces húmedas, así que crece en marismas y a la orilla de los ríos. Puede ser tan alta como un elefante.

Hace unos 5000 años, los antiguos egipcios empezaron a usar las fibras de los tallos del papiro para fabricar velas para sus barcos, así como cestas, cuerdas y sandalias. Y lo más útil, transformaron sus fibras en un tipo de papel grueso, llamado también papiro. Los egipcios lo empleaban para anotar información importante, como conocimientos médicos y matemáticos.

Juncia del papiro,
África

El bambú más alto
del mundo puede medir
como un edificio
de 10 pisos.

Bambú

El bambú es una planta que tiene prisa. De hecho, es la planta que crece más rápido de todo el planeta. ¡Algunas especies pueden crecer 1 m en un solo día! Por extraño que parezca, es un tipo de hierba, pero sus tallos son duros y leñosos. La mayoría de las especies crecen en bosques húmedos o en las montañas.

El bambú es el alimento de los pandas gigantes. Pero se cultiva, porque es resistente y ligero. Se ha usado durante miles de años para producir un gran número de cosas, desde instrumentos musicales hasta edificios. Sus fibras se usan también para fabricar boles o mangos para cepillos de dientes, ¡y calcetines y ropa interior!

Bambú moso,
China

Amapola azul
del Himalaya,
Asia oriental

Una semilla de amapola
puede tardar 50 años
en germinar.

Amapola de fue
sur de Norteamé

Amapola común,
norte de África,
Europa y Asia

Amapola alp
Europa centr

Amapola

Pueden teñir de rojo los campos, pero no todas son rojas. Las hay amarillas, azules, naranjas, moradas y blancas. La amapola ártica es una de las pocas plantas que crecen en las regiones más septentrionales. Sus flores amarillas dan una pincelada de color a la gélida región del Ártico.

Una vez que han florecido, se secan y forman unas frágiles bolas que contienen sus semillas. Cuando hace viento, las semillas salen despedidas y se esparcen por el suelo. Allí permanecen hasta que las condiciones son adecuadas para desarrollarse. Muchas veces las semillas llegan a la superficie cuando se excava, por eso suelen aparecer en las obras en construcción o junto a las nuevas carreteras.

Adormidera,
Europa meridional

Amapola galesa,
Europa occidental

Amapola ártica,
Ártico

Protea

*¡El protea rey obtiene
la mayor parte del agua que
necesita de la bruma!*

Las llamas pueden extenderse rápidamente por los matorrales de Sudáfrica. Los incendios son tan habituales allí donde viven las proteas que estas tienen trucos para sobrevivir. Algunas guardan las semillas en unas cápsulas ignífugas. Otras, como el protea rey, tienen capullos subterráneos. Aunque los matorrales queden chamuscados, cuando el fuego se extingue, las proteas vuelven a crecer. Pueden encontrarse sobre todo en Sudáfrica. Deben su nombre a Proteo, el dios del mar en la antigua Grecia. Este podía adoptar muchas formas distintas, al igual que esta flor, que puede presentar una gran diversidad de formas y colores.

Siempreviva

¡La gente solía plantar siemprevivas
en los tejados porque creían que protegían
la casa de los rayos!

Siempreviva
del Atlántico,
Marruecos

Siempreviva de arañas,
Europa

Siempreviva
uñas de mujer,
Europa

Siempreviva
de Tenerife,
Europa

Siempreviva común,
norte de África, Europa
y Asia occidental

Siempreviva
peña redonda,
Europa

Seguramente las has visto en el alféizar de una ventana plantadas
en macetas, o en jardines templados, pero su hábitat natural
son las montañas rocosas. Las siemprevivas gustan mucho porque
son increíblemente resistentes y requieren muy pocos cuidados.
Son un tipo de planta llamado suculenta, que tiene las hojas gruesas
y carnosas. En su hábitat seco y pedregoso, usan las hojas para
almacenar el agua, ¡así que apenas tendrás que regarlas!

La siempreviva se multiplica produciendo copias diminutas de sí misma
sobre unos tallos largos. Son los hijuelos.

Acacia

Estos pinchos son largos y muy afilados. Protegen las hojas de acacia de los animales hambrientos. Las jirafas tienen una lengua tan larga que pueden alcanzar las hojas entre las espinas. Algunas acacias tienen otras formas de defenderse. Los pinchos tienen una base gruesa en la que viven hormigas que muerden. ¡Los animales que intentan comerse las hojas tienen que enfrentarse a las hormigas furiosas!

Las acacias tienen aún otra arma secreta. ¡Pueden hablar entre ellas! Si una se ve amenazada, libera una sustancia química que alerta a las vecinas, que impregnan sus hojas con una sustancia amarga, para que las dejen en paz.

Las jirafas tienen la piel de la lengua
y los labios muy dura y eso las
protege de los pinchos.

Acacia roja,
África y Asia occidental

Rosa

Un rosal en flor es un espectáculo difícil de superar. En todo el mundo, es la flor del amor y la belleza. Las rosas ya se cultivaban en el antiguo Egipto y la antigua Roma para preparar agua de rosas perfumada. Actualmente, todos los años se celebra en Bulgaria un festival de la rosa, donde las rosas se cultivan para producir aceite. Se necesitan unos 2000 pétalos para producir 1 g de aceite, que se usa para preparar perfumes.

Los rosales silvestres producen flores sencillas blancas o rosas y pueden tener tallos largos que trepan por otras plantas. Con sus pinchos afilados se agarran a las ramas. Los jardineros han creado miles de variedades, por sus colores y su perfume.

Rosa silvestre,
norte de África, Europa
y Asia occidental

Frutos como las manzanas,
las cerezas, los melocotones,
las peras y las almendras son de
la misma familia que las rosas.

Higuera

Las raíces de la higuera llegan a mayor profundidad que las de cualquier otro árbol, en busca de agua.

Si abres un higo, verás que está lleno de bolsitas de pulpa jugosa. No se trata de una pieza de fruta, sino de muchos frutos bajo una misma piel. Cada bolsita contiene una semilla producida por una flor. Los higos se conocen como frutos múltiples. También las piñas lo son.

Dentro de un higo inmaduro hay muchas florecillas esperando en la oscuridad. ¿Qué esperan? A una avispa minúscula, de solo 2 mm, que se mete dentro del higo para poner sus huevos y de paso poliniza las flores. Algunas de sus crías salen del higo antes de que este madure, pero ¡el resto son engullidas por el higo!

Higuera común,
Asia occidental

Ortiga

Si tocas una ortiga urticante, la piel te pica y se pone roja. ¿Por qué pica tanto? Sus hojas son sabrosas, así que necesita un arma para evitar que se las coman. Están recubiertas de pelos. Al tocarlos, la punta se rompe. El extremo roto es afilado como una aguja y libera una sustancia que provoca escozor e inflamación.

En Nueva Zelanda hay una ortiga el doble de alta que una persona adulta. Provoca un escozor tan intenso que puede matar a algunos animales. Hay plantas que se parecen mucho a las ortigas. No pican, pero ¡por si acaso los animales no se acercan a ellas!

Las ortigas son un alimento para muchas orugas, que evitan los pelos urticantes.

Ortiga urticante,
norte de África, Europa y Asia

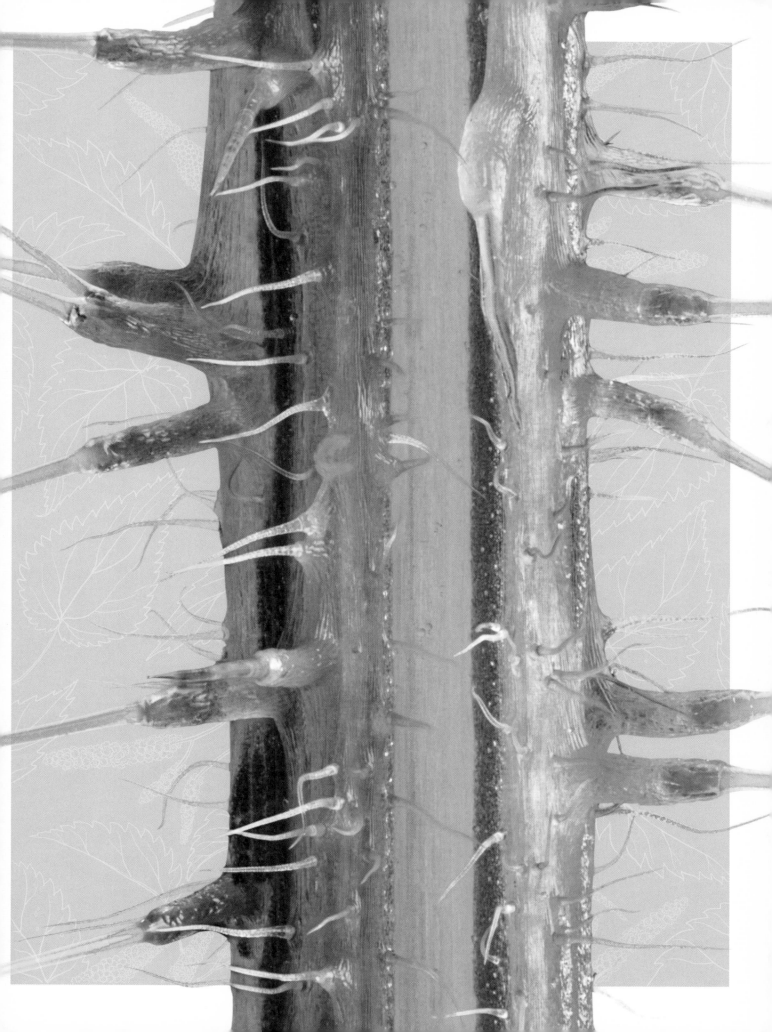

Mangle

Mangle rojo,
costas tropicales
de todo el mundo

¿Un árbol que crece en el mar? ¡No hay muchos árboles así! El agua salada los mataría. Pero los mangles tienen un truco para deshacerse de la sal: sus raíces la filtran separándola del agua, así que pueden absorberla sin problema. Estas útiles raíces salen de la parte superior del tronco, fuera del agua, y es donde el árbol respira.

Les gusta crecer en ciénagas, en la costa, en zonas templadas. Cuando la marea baja, parece que están montados sobre zancos. Esos zancos no son ramas, sino las raíces leñosas que mantienen el árbol en su sitio cuando la marea sube y baja.

Las crías de tiburón y otros peces crían en los manglares, pues los depredadores más grandes no pueden pasar entre las raíces.

Pasiflora

Tumbo gigante,
Sudamérica

Las plantas se pasan
la vida peleándose.
Se empujan unas a otras para
conseguir espacio y luz. No nos damos cuenta
porque ocurre demasiado despacio para que lo
notemos. Para ganar la batalla, algunas trepan sobre otras
plantas, como las pasifloras. La pasiflora siempre está buscando
cosas en las que agarrarse. Si las vieras en un vídeo a cámara
rápida, verías cómo alcanza otra planta y luego se enrolla
a su alrededor para sujetarse bien. Si no encuentra
dónde agarrarse, usa sus zarcillos.

Muchas pasifloras, como el tumbo gigante,
tienen unas flores impresionantes con unos
pétalos y unos finos filamentos de vivos
colores, que atraen a insectos y pájaros.

Algunas pasifloras son polinizadas
por colibríes.

*La flor tarda nueve meses en desarrollarse,
pero solo florece durante unos días.*

Rafflesia

Por suerte, no florece a menudo. Las flores suelen oler bien...
pero ¡esta no! Cuando sus cinco gruesos pétalos se abren,
desprenden un hedor horrible a cadáver o carne en descomposición.
De ahí que se la conozca también como flor cadáver. El espantoso
olor atrae enjambres de pequeñas moscas, que llevarán el polen
hasta otros ejemplares. El polen, además, parece un moco. ¡Puaj!

La rafflesia vive en los bosques tropicales y es la flor más grande del
planeta. Puede medir 1 m de ancho y pesar tanto como un pavo.
No tiene raíces, sino que es una planta parásita que crece dentro
de otras plantas tropicales y les roba el alimento.

Aro gigante,
sudeste de Asia

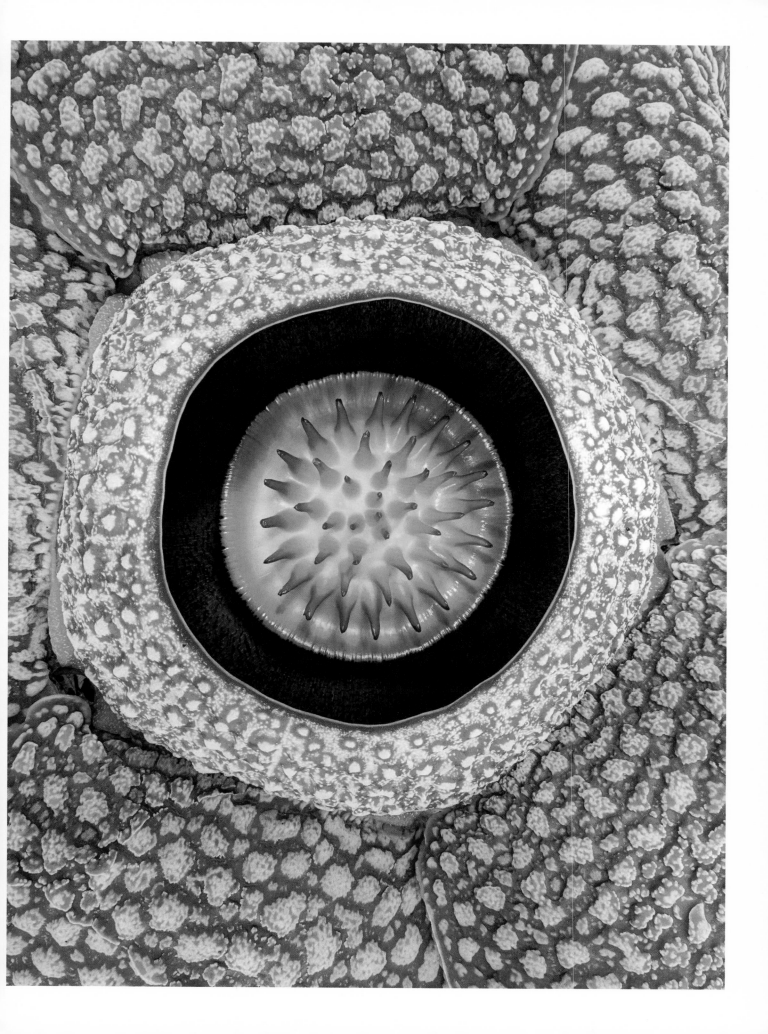

Eucalipto amarillo,
Australia

Eucalipto

Sus hojas son venenosas para muchos animales, pero ¡los koalas no comen otra cosa!

Australia es una isla enorme, con muchas plantas y animales que no existen en ningún otro sitio. Los eucaliptos son muy corrientes allí. Tienen unas hojas largas y plateadas que son muy duras. Están llenas de un aceite que desprende un fuerte olor, lo que evita que la mayoría de los animales se las coman. Una nube de aceite, que cuando brilla el sol se ve azul, impregna el aire. Las Montañas Azules ubicadas al este de Australia deben su nombre a ese efecto.

Tienen unas flores de vivos colores que parecen borlas peludas y se convierten en unos frutos en forma de cáliz que contienen las semillas.

Arce

Este árbol es enormemente popular en el nordeste de Estados Unidos y, sobre todo, en Canadá, donde se comen gachas y tortitas con sirope de arce. A principios de primavera, se coloca un tubo en el tronco de los arces azucareros para recoger su savia, un líquido dorado que producen. Luego se hierve para preparar un sirope dulce. Canadá es muy conocido por estos árboles, y de hecho en su bandera aparece una hoja de arce.

En otoño, se les caen las hojas, pero antes cambian de color y tiñen las montañas de amarillo, naranja y rojo. Las sustancias químicas que producen este asombroso espectáculo son las mismas que dan su color a las zanahorias, la yema de los huevos y las cerezas.

Arce azucarero,
Norteamérica

Sus vainas aladas se conocen como helicópteros
porque caen al suelo dando vueltas en el aire.

Baobab

Sus flores,
grandes y blancas,
solo duran un día.

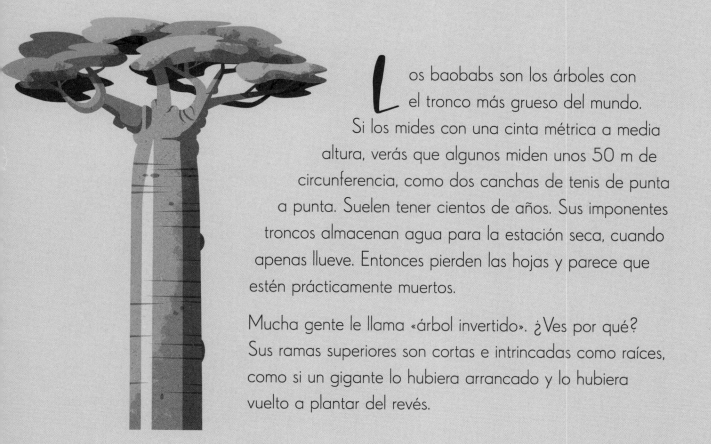

Los baobabs son los árboles con el tronco más grueso del mundo. Si los mides con una cinta métrica a media altura, verás que algunos miden unos 50 m de circunferencia, como dos canchas de tenis de punta a punta. Suelen tener cientos de años. Sus imponentes troncos almacenan agua para la estación seca, cuando apenas llueve. Entonces pierden las hojas y parece que estén prácticamente muertos.

Mucha gente le llama «árbol invertido». ¿Ves por qué? Sus ramas superiores son cortas e intrincadas como raíces, como si un gigante lo hubiera arrancado y lo hubiera vuelto a plantar del revés.

Baobab de Grandidier,
Madagascar

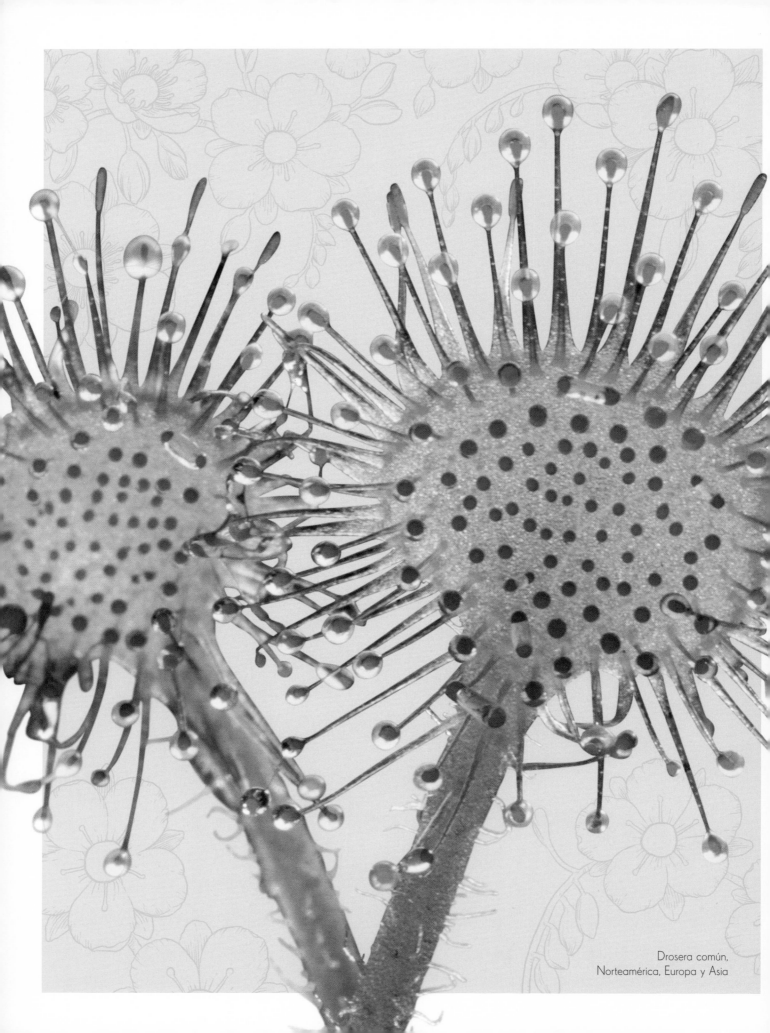

Drosera común,
Norteamérica, Europa y Asia

Atrapa y come insectos incluso tan grandes como las libélulas y las mariposas.

Drosera

Moscas y mosquitos: ¡cuidado! La drosera esconde un secreto mortal… le gusta la carne. Los pelos rojos de sus hojas son bonitos, pero son una trampa. Cada pelo tiene una gota de una sustancia viscosa en la punta y cuando un insecto se posa sobre él, descubre que es pegajosa. Cuanto más se mueve el pobre insecto, más pegado se queda. Al final, se muere. La drosera enrolla entonces la hoja a su alrededor, envolviendo el insecto como si fuera el relleno del sándwich, y lo digiere.

Crece en pantanos y terrenos húmedos. En ellos, la tierra contiene poco alimento, así que come insectos para obtener los nutrientes necesarios.

Planta odre

¡Una especie de murciélago duerme dentro de estas plantas!

La palabra «odre», o «jarra», nos da una pista sobre cómo se alimenta esta curiosa planta. Sus hojas forman unos tubos largos con líquido en la base y resbaladizos por dentro. Cuando un insecto, como una polilla, se posa para beber el dulce néctar de la planta, resbala y cae dentro. El líquido es una piscina mortal, que digiere el alimento, como los jugos gástricos de tu estómago. Los ejemplares más grandes pueden llegar a tragarse una rana o incluso un ratón. ¡Se lo comen todo excepto el esqueleto!

La musaraña arborícola bebe el néctar de las plantas y las usa luego como retrete. ¡A las plantas no les importa, porque sus heces son alimento extra!

Planta odre tropical, sudeste de Asia

Rodadoras

Ciprés de verano,
Europa y Asia

*I*magina que eres una planta. ¿Cómo esparcirías tus semillas? Las plantas rodadoras tienen la solución. Al morir, la planta entera se enrosca y se seca. Sus raíces se parten, dejando una bola punzante repleta de semillas. Cuando sopla el viento, la bola rueda por el suelo, dispersando las semillas a su paso.

Una de las plantas rodadoras más pintorescas es el ciprés de verano. En otoño pasa de verde a rosa intenso. ¡Parece que esté en llamas! Cuando hace calor, las bolas secas se amontonan y, dado que prenden fácilmente, suponen un auténtico riesgo de incendio.

En Estados Unidos el viento forma grandes acumulaciones de plantas rodadoras que bloquean las carreteras y sepultan casas enteras.

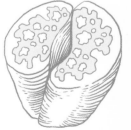

Fabrican su propio protector solar
para no quemarse bajo el sol del desierto.

Piedras vivas

¿Es una flor que crece en una roca? Las piedras vivas crecen en los desiertos. Sus hojas redondas parecen guijarros: se parecen tanto que cuesta distinguirlas de las piedras. Los animales del desierto, como las tortugas o los avestruces, pasan de largo sin darse cuenta de que son plantas. Solo son fáciles de identificar cuando les sale su única flor, parecida a una margarita, después de que haya llovido.

Tienen solamente un par de hojas gruesas, en las que almacenan el agua. Solo se le ven las puntas, pues el resto está bajo tierra. La parte superior de las hojas tiene unas ventanas por las que la luz del sol llega al interior de la planta, para que pueda fabricar su alimento.

Piedra viva de las
Montañas Karas,
África meridional

Cactus

Procura no tocar un cactus por error. Estas plantas del desierto están cubiertas de espinas que evitan que los animales se beban el agua que su tallo almacena. Las espinas son en realidad un tipo especial de hojas. Las hojas grandes y planas perderían mucha agua bajo el sol abrasador. Su superficie rugosa les ayuda a mantenerse frescos porque crea sombras.

En el desierto de México y Estados Unidos vive la especie de cactus más grande del mundo, el saguaro. Los murciélagos se alimentan de sus flores por la noche y los pájaros carpinteros lo picotean para hacer nidos. Cuando estos se marchan, aparecen los diminutos mochuelos de los saguaros.

El saguaro puede medir 15 m de alto y pesar casi tanto como un coche pequeño.

Saguaro,
sur de Norteamérica
y América Central

127

Planta fantasma,
Norteamérica,
América Central
y Asia

*No caigas en
la tentación de cortar
su flor. Si lo haces,
se volverá negra.*

Planta fantasma

Bajo la sombra de los árboles, entre las hojas caídas, se encuentra esta pálida planta. Blanca como el papel y cerosa como una vela, ¡casi puede verse a través de ella! Cada tallo crece unos 30 cm de alto y da una única flor fantasmagórica.

La mayoría de las plantas captan la energía del sol y la transforman en azúcar para alimentarse. Es un proceso que se llama fotosíntesis y que llevan a cabo las partes verdes de la planta. Pero esta planta no necesita la luz del sol. ¿Cómo se alimenta? Sorbe nutrientes de los hongos que viven en el suelo.

Girasol

De una pequeña semilla sale una planta imponente. ¡Crece hacia el cielo y en un par de meses puede ser más alta que cinco adultos, uno sobre el otro! Sus pétalos dorados forman un gran círculo alrededor de un centro oscuro. Este disco contiene un montón de flores más pequeñas, que acabarán convirtiéndose en semillas.

Crecen silvestres en los pastizales de Estados Unidos y México, pero son más bajos y sus cabezas florales más pequeñas que las de los girasoles de cultivo. Hace miles de años, los nativos americanos empezaron a cultivar girasoles por sus semillas, que son muy sabrosas y pueden triturarse para fabricar aceite de cocina. Hoy, los agricultores intentan conseguir ejemplares más altos y con las flores más grandes.

A lo largo del día sus capullos giran siguiendo el recorrido del sol. Las flores abiertas miran al este.

Girasol común,
América Central,
del Norte y del Sur

Diente de león

Cada cabezuela contiene 100-150 semillas plumosas.

Para los jardineros son solo hierbajos, pero para los insectos son un alimento. Producen un néctar que las mariposas, las abejas y otros insectos adoran. Así que no deberíamos arrancar sin motivo estas flores amarillas que brillan como pequeños soles.

Tras la floración, su cabezuela se convierte en una bola de pelusa. Cada semilla se transforma en un paracaídas en miniatura. Cuando sopla el viento, las ligeras semillas son arrastradas hasta que aterrizan en el suelo, donde crecerá un nuevo diente de león. Se dice que si al soplarlo piensas un deseo, este se cumplirá.

Cardo marino

Almacena agua fresca
bajo tierra en una
gruesa raíz.

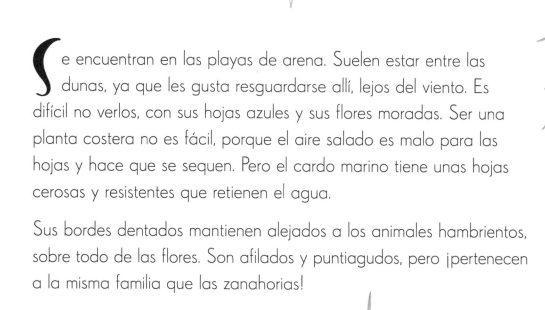

Se encuentran en las playas de arena. Suelen estar entre las dunas, ya que les gusta resguardarse allí, lejos del viento. Es difícil no verlos, con sus hojas azules y sus flores moradas. Ser una planta costera no es fácil, porque el aire salado es malo para las hojas y hace que se sequen. Pero el cardo marino tiene unas hojas cerosas y resistentes que retienen el agua.

Sus bordes dentados mantienen alejados a los animales hambrientos, sobre todo de las flores. Son afilados y puntiagudos, pero ¡pertenecen a la misma familia que las zanahorias!

Cardo marino,
Europa

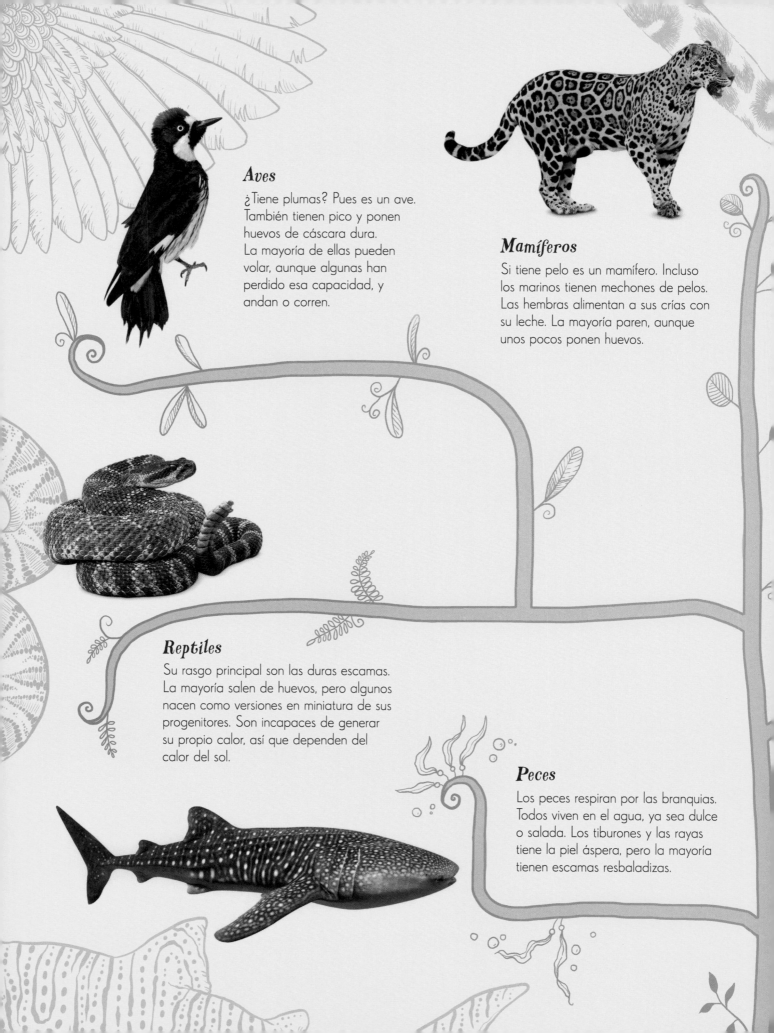

Aves

¿Tiene plumas? Pues es un ave. También tienen pico y ponen huevos de cáscara dura. La mayoría de ellas pueden volar, aunque algunas han perdido esa capacidad, y andan o corren.

Mamíferos

Si tiene pelo es un mamífero. Incluso los marinos tienen mechones de pelos. Las hembras alimentan a sus crías con su leche. La mayoría paren, aunque unos pocos ponen huevos.

Reptiles

Su rasgo principal son las duras escamas. La mayoría salen de huevos, pero algunos nacen como versiones en miniatura de sus progenitores. Son incapaces de generar su propio calor, así que dependen del calor del sol.

Peces

Los peces respiran por las branquias. Todos viven en el agua, ya sea dulce o salada. Los tiburones y las rayas tiene la piel áspera, pero la mayoría tienen escamas resbaladizas.

Animales

La vida en la Tierra se divide en siete reinos, entre ellos el de los animales. Conocemos más de un millón de especies animales, pero es muy probable que queden varios millones más por descubrir. No pueden fabricar su propio alimento, así que deben alimentarse a partir de otras formas de vida, como animales y plantas, vivos o muertos. Viven en el aire, en el agua y en tierra firme, en el suelo y en las plantas e incluso en otras criaturas. El capítulo empieza con los invertebrados y termina con los mamíferos de cuatro patas.

Anfibios

Tienen la piel húmeda y resbaladiza. La mayoría salen de huevos y cambian su cuerpo por completo al convertirse en adultos. De adultos viven en agua dulce o en hábitats terrestres húmedos.

Invertebrados

Son animales que no tienen columna vertebral. Forman un grupo grande y variado, que incluye gusanos, insectos, caracoles, arañas, cangrejos, corales... Pueden encontrarse en cualquier lugar de la Tierra.

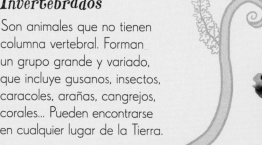

Esponja de florero azul,
Bahamas

Esponja

En el fondo del mar, entre rocas y restos de barcos hundidos, puede verse lo que a primera vista parecen unas plantas muy extrañas. Unas tienen forma de tubo y otras parecen plástico de burbujas, dedos o gelatina. En realidad, son unos animales muy simples llamados esponjas. Filtran el plancton para alimentarse del océano que les rodea dejando que el agua entre en su cuerpo por un montón de orificios. Estos orificios hacen que las esponjas sean ideales para absorber líquidos.

Algunas variedades, llamadas esponjas de cristal, pueden llegar a vivir 10 000 años bajo el hielo del Antártico. Eso las convierte en uno de los organismos vivos más viejos de la Tierra.

Las hay de todos los colores del arcoíris
¡y algunas brillan como luces de neón!

Coral

E sta flor submarina de vivos colores no es lo que parece. Los pétalos azules en realidad son partes de un animal diminuto llamado pólipo de coral. Los pólipos de cuerpo blando fabrican un esqueleto pétreo a su alrededor. Poco a poco, a lo largo de muchos años, los esqueletos crecen y se unen, y crean un arrecife. De noche, el arrecife cobra vida: los pólipos extienden sus tentáculos para atrapar animales microscópicos y pasarlos a su boca central.

Los arrecifes de coral son una explosión de color, ya que en ellos viven más peces que en cualquier otro hábitat oceánico, entre ellos estrellas de mar, esponjas, pulpos, anguilas y cangrejos.

La Gran Barrera de Coral de Australia es tan grande que se puede ver desde el espacio.

Carabela portuguesa,
océanos tropicales
de todo el mundo

Sus tentáculos pueden picar incluso estando muerta.

Carabela portuguesa

¡No la toques! Sus tentáculos son urticantes. Sus brazos pueden medir 10 m de largo y están cargados de un veneno muy potente que puede matar. Parece una medusa grande, pero es otro tipo de criatura marina llamada sifonoforo. Un sifonoforo es una agrupación de muchos animales que comparten el mismo cuerpo. Cada animal desempeña una función. Algunos cogen las presas, otros digieren la comida y otros hacen que el cuerpo flote. Trabajan conjuntamente, pero ninguno tiene cerebro. Flotan a la deriva por el océano, allí donde el viento y las olas los llevan.

Platelminto

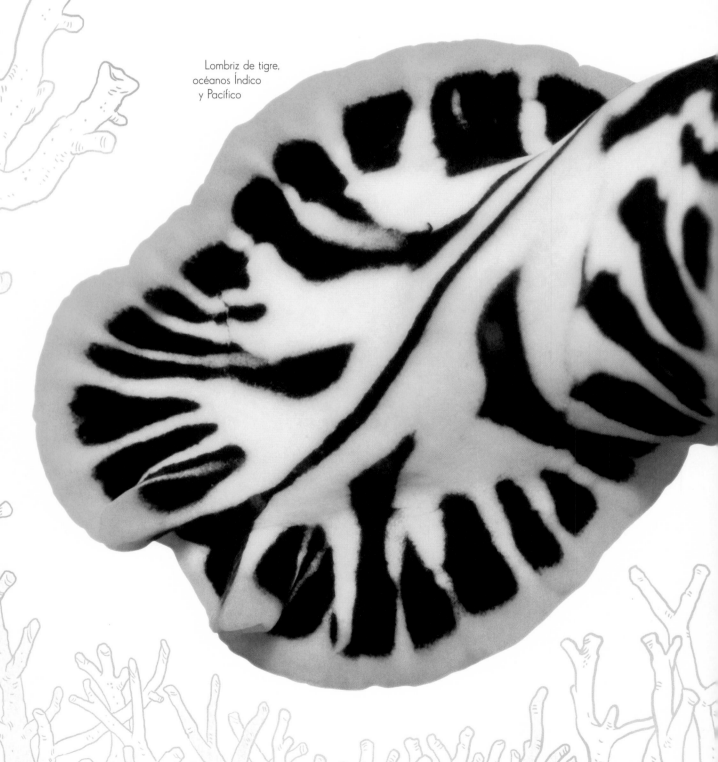

Lombriz de tigre,
océanos Índico
y Pacífico

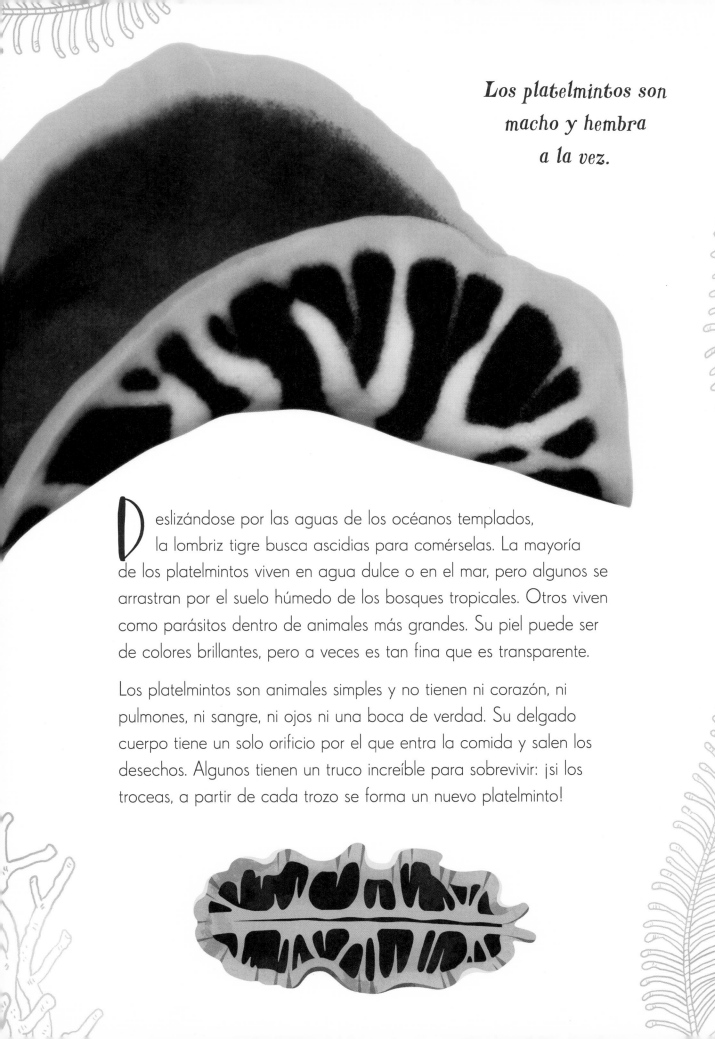

Los platelmintos son macho y hembra a la vez.

eslizándose por las aguas de los océanos templados, la lombriz tigre busca ascidias para comérselas. La mayoría de los platelmintos viven en agua dulce o en el mar, pero algunos se arrastran por el suelo húmedo de los bosques tropicales. Otros viven como parásitos dentro de animales más grandes. Su piel puede ser de colores brillantes, pero a veces es tan fina que es transparente.

Los platelmintos son animales simples y no tienen ni corazón, ni pulmones, ni sangre, ni ojos ni una boca de verdad. Su delgado cuerpo tiene un solo orificio por el que entra la comida y salen los desechos. Algunos tienen un truco increíble para sobrevivir: ¡si los troceas, a partir de cada trozo se forma un nuevo platelminto!

Gusano

En algunas partes del mar, todos los días parece Navidad. Aquí, el lecho marino está cubierto por lo que podría confundirse con un bosque diminuto de abetos de Navidad, pero ¡en realidad son gusanos de colores! Las «ramas» son coronas de tentáculos plumosos, que los gusanos usan para atrapar restos de comida que pasan flotando. Si son sorprendidos, meten los tentáculos rápidamente hacia dentro y el «bosque» desaparece.

Los gusanos árbol de Navidad forman parte de un grupo de animales llamados gusanos segmentados, cuyo cuerpo blando está dividido en varios segmentos. Los gusanos segmentados viven prácticamente en todas partes. Unos en la Antártida, otros en las fumarolas volcánicas del fondo del mar y billones de lombrices en la tierra.

Están llenos de agua a presión,
como el aire en un neumático.

Gusano árbol de Navidad,
océanos tropicales de todo
el mundo

Almeja gigante

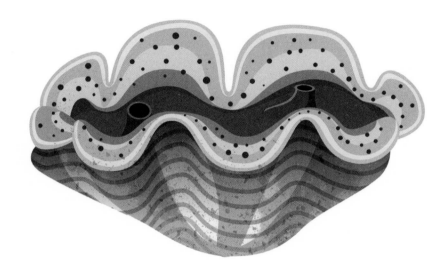

Entre las grietas rocosas de un arrecife de coral, puede verse una boca azul gigante. Pertenece a una pequeña almeja gigante. Este molusco puede llegar a medir 40 cm de largo, pero es pequeño comparado con una almeja gigante, el molusco con caparazón más grande del mundo. ¡Las almejas gigantes pueden pesar 10 000 veces más que un caracol de jardín, que es también un molusco!

Las almejas gigantes son parientes de los mejillones, las vieiras y las ostras, y, al igual que ellos, poseen un caparazón duro con dos mitades unidas por una bisagra natural. Durante el día tienen las valvas abiertas, de modo que el sol llega a las algas que viven dentro. Las algas usan el sol para fabricar alimento, que la almeja se come.

Tiene varios cientos de ojos
en sus sinuosos labios.

Caracol

Un caracol no tiene un único cerebro, sino varios diminutos.

Caracol pintado, este de Cuba

Un caracol de jardín tardaría unos tres minutos en cruzar estas páginas. Este molusco carga con su casa a cuestas, un caparazón en espiral en el que puede refugiarse en caso de peligro. El caparazón de caracol más grande del mundo pertenece al caracol gigante africano, que mide como una cobaya, pero los más coloridos son los del caracol pintado.

Se desplazan con un único pie, que en realidad es un músculo enorme que contrae para impulsarse. Dedica una tercera parte de su energía a producir baba, que le ayuda a deslizarse y deja un rastro plateado por donde pasa.

Nautilo

Puedes verlo propulsándose por el océano. Es un pariente lejano del pulpo, pero vive dentro de un hermoso caparazón. Le asoman hasta 90 tentáculos que parecen espaguetis y que usa para atrapar a sus presas favoritas: los langostinos y los cangrejos. Consume la energía muy lentamente, así que le basta con comer una vez al mes.

Se sumerge y asciende como un submarino, llenando y vaciando de agua y gas las celdas que tiene en su concha. Se mueve propulsándose con un chorrito de agua de mar que sale por un tubo especial que tiene cerca de la boca. ¡Suele desplazarse hacia atrás, así que no ve por dónde va!

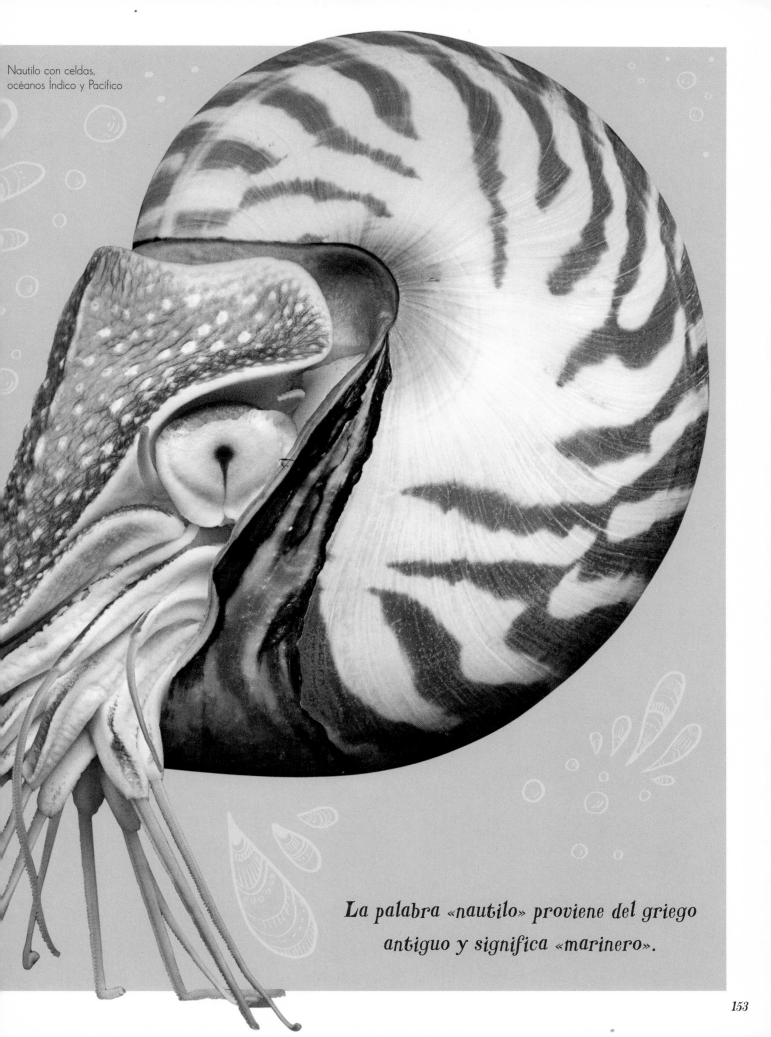

Nautilo con celdas,
océanos Índico y Pacífico

La palabra «nautilo» proviene del griego
antiguo y significa «marinero».

Tarántula

Son arañas supergrandes. ¡La más grande ocuparía un plato entero! No construyen telarañas, sino que cazan insectos grandes, ranas y ratones. Sus ocho pies peludos tienen unos sensores que captan las vibraciones de las presas.

Deben su nombre a Taranto, una ciudad italiana. Sus habitantes decían que la única forma de sobrevivir al veneno de una picadura era bailar un baile llamado tarantela. Lo cierto es que la mayoría de las tarántulas son inofensivas para las personas. Aunque algunas tienen una forma de defenderse bastante desagradable: con sus patas traseras se arrancan pelos superurticantes del cuerpo y se los lanzan a la cara a su agresor, irritándole los ojos y la nariz.

Tarántula azul cobalto, sudeste de Asia

Las hembras pueden vivir
hasta 35 años.

Milpiés abejorro, Caribe

Son vegetarianos y solo comen plantas muertas o en descomposición.

Milpiés

Hace unos 420 millones de años, dejaron los océanos y se convirtieron en una de las primeras criaturas en pisar tierra firme. Menos mal que no deben vestirse por la mañana, porque tienen más patas que cualquier otro animal. El récord es de 375 pares de patas, aunque es más habitual que tengan entre 50 y 100 pares.

El cuerpo de un milpiés tiene muchas articulaciones, así que es tan flexible como un gusano y puede enrollarse formando una bola para protegerse. Algunos desprenden un olor horrendo para desanimar a los depredadores. Otros fabrican un veneno mortal que huele a almendras tostadas, pero es lo bastante fuerte para matar a un pájaro o quemar la piel humana.

Como los peces, respiran
a través de branquias,
pero estas están escondidas
en el caparazón.

Langosta

Te sorprenderá lo peludas que son. Están cubiertas de pelos que notan si tocan algo, como los pelos de tus brazos. Salen por la noche en busca de presas. Usan las antenas de la cabeza para oler, ¡y pueden distinguir un pez o un gusano por su olor!

La mayoría tienen dos grandes garras. Estas fuertes pinzas no siempre son iguales entre sí. Algunas langostas tienen una garra pesada para romper caparazones y otra afilada para cortar. Pero cuando dos machos se pelean, no usan las garras. Se lanzan orina el uno al otro desde debajo de los ojos. ¡Es hora de salir pitando!

Langosta roja de arrecife,
océanos Índico y Pacífico

Abejorro

Los músculos de sus alas trabajan intensamente,
pueden estar 15 °C más calientes que el resto
de su cuerpo.

Abejorro común,
Norte de África, Europa
y Asia occidental

Los primeros abejorros vivían en las montañas del Himalaya, donde el aire es muy frío, así que desarrollaron un pelaje bien calentito. Son tan buenos conservando el calor que pueden vivir incluso en el gélido Ártico. Son unos insectos increíblemente activos, capaces de visitar varios miles de flores al día. Mientras van de flor en flor, baten rápidamente las alas emitiendo su característico zumbido.

Cuando un abejorro visita una flor, se mueve para que el polen caiga sobre su cuerpo peludo. Mete el polen en unas cestas especiales que tiene en las patas traseras y se lo lleva al nido para que sus crías, que son aún larvas, se lo coman.

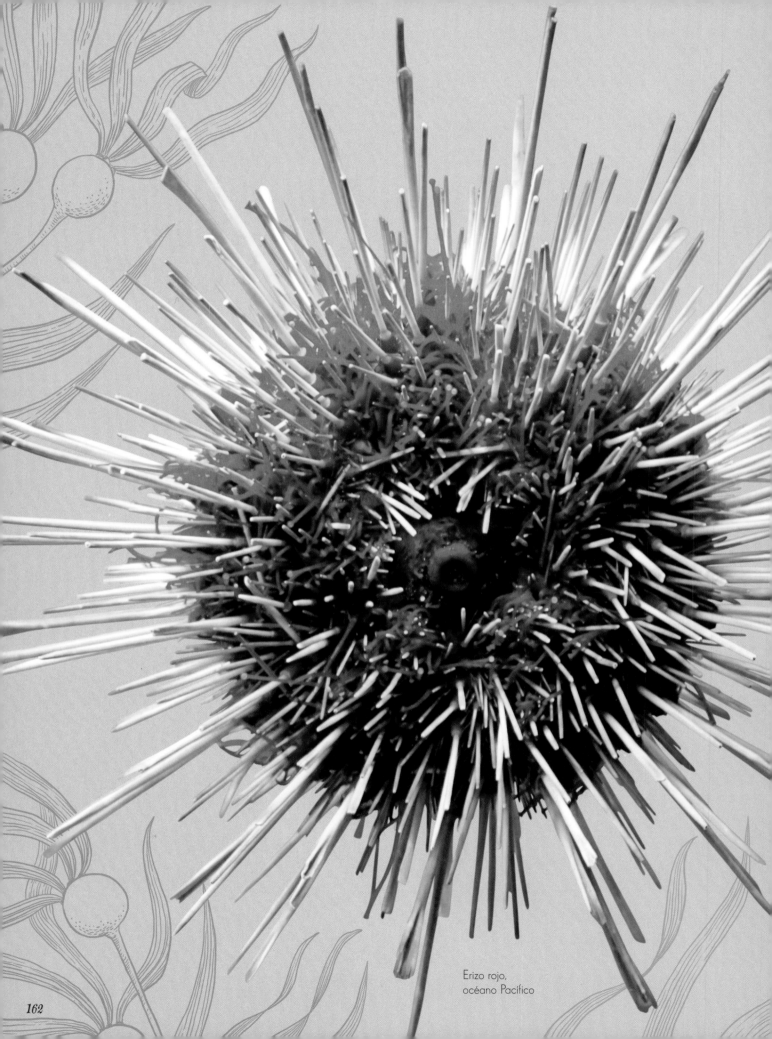

Erizo rojo,
océano Pacífico

Puede detectar la luz, pero no tiene ojos.
¡Usa todo el cuerpo para ver!

Erizo de mar

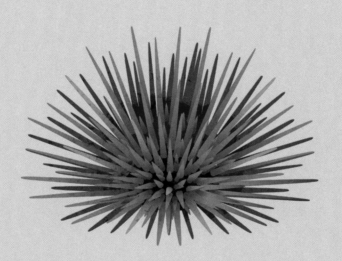

El caparazón de los erizos de mar, recubierto de púas afiladas, mantiene alejados a los depredadores, como las nutrias de mar. Avanzan lentamente por el lecho marino con la ayuda de cientos de pies tubulares. En el extremo de cada pie tienen una ventosa que les permite avanzar. Para moverse más rápido, se suben a la espalda de los cangrejos y se dejan llevar; el cangrejo, por su parte, disfruta de un guardaespaldas punzante.

Si les das la vuelta verás su boca circular. Comen casi de todo, desde algas hasta esponjas. A veces forman huestes que acaban con la vida del lecho marino y dejan solo las rocas y la arena.

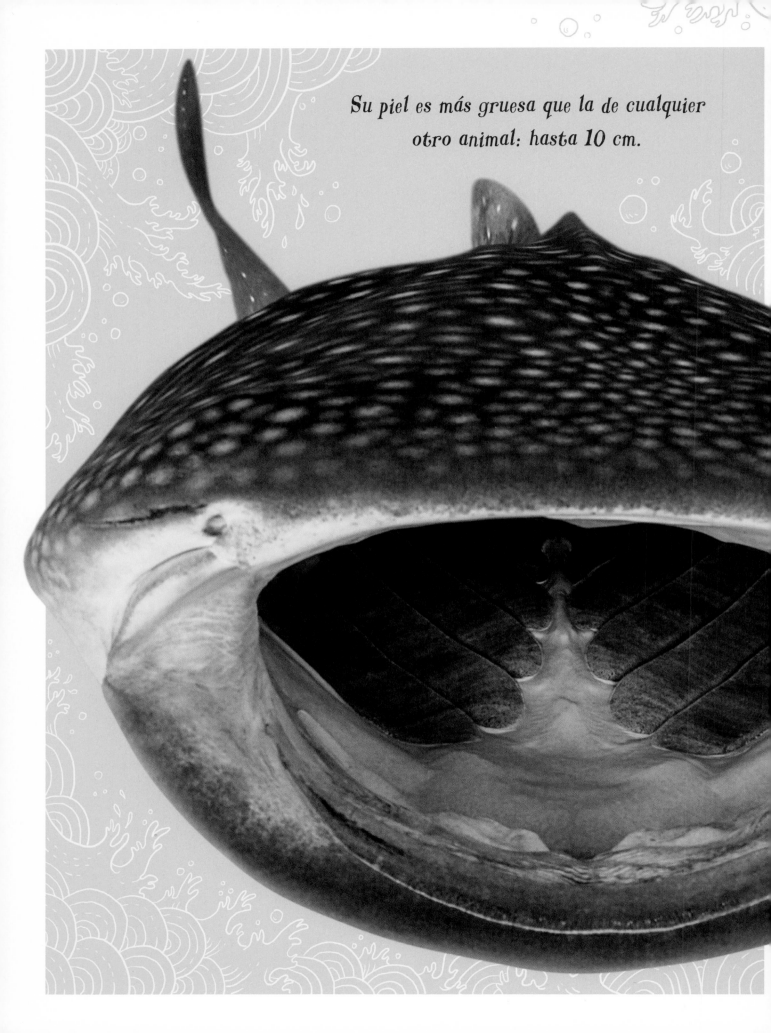

Su piel es más gruesa que la de cualquier otro animal: hasta 10 cm.

Tiburón ballena

Desde la profundidad del océano, aparece una boca imponente. Pero esa boca, de 1,5 m de ancho, en la que cabría fácilmente una persona, es la del tiburón ballena, un gigante inofensivo. Aunque sus mandíbulas albergan 3000 dientes, estos son diminutos y no sirven para morder. A diferencia de sus parientes más carnívoros, se alimenta sorbiendo gran cantidad de agua, que filtra para separar las algas, los peces y huevos de coral, las gambas y las crías de pez, que se come. Es el pez más grande de la Tierra. ¡Mide más que un autobús de dos pisos y pesa más que dos elefantes adultos!

Tiburón ballena,
en todo el mundo

Los delfines les molestan para que se hinchen,
al parecer, por simple diversión.

Pez puercoespín

Tiene el aspecto de un pez pequeño y corriente.
Y, de repente, ¡zas!, se convierte en una bola cubierta
de púas. Si siente que corre peligro, se llena el estómago de
agua y pasa a abultar 100 veces su tamaño habitual.
Se convierte así en un bocado doloroso para los tiburones
o las tortugas, que se alejan en busca de un alimento menos
peligroso. En cuanto vuelve a sentirse a salvo, se deshincha
como un globo, por eso también se le conoce como pez globo.

Para hincharse gasta mucha energía, así que se oculta durante
el día y sale por la noche. Se pasea por los arrecifes de coral
en busca de erizos de mar y cangrejos. Usa su fuerte pico para
partir los alimentos duros.

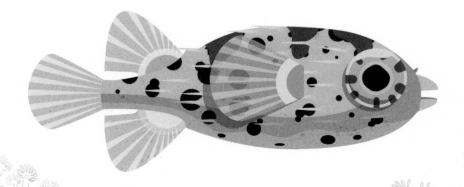

Pez globo espinoso,
océanos tropicales de
todo el mundo

Tritón

Algunos tritones no tienen pulmones.
Respiran solo a través de la piel.

Tritón del este,
este de Norteamérica

Avanza con precaución poniendo primero un pie y luego el otro sobre el musgo y las hojas húmedas. Las crías permanecen en tierra firme, pero los adultos nadan en charcos y lagos. Suelen estar quietos bajo el agua, pero pueden salir disparados moviendo la cola de un lado a otro para atrapar insectos y caracoles.

Muchos son de colores vivos, para que los depredadores sepan que son venenosos si los ingieren. El tritón del este es rojo de joven, que es cuando es más venenoso, y verde de adulto. ¡Si pierde una pata o la cola, le vuelven a crecer!

Rana voladora
de Wallace,
sudeste de Asia

Rana

La rana voladora de Wallace planea por el aire como si fuera una hoja arrastrada por el viento en los bosques tropicales del sudeste asiático. Tiene los pies anchos y palmeados, y unos colgajos de piel a lo largo del cuerpo, que atrapan el viento y le ayudan a planear mientras salta de un árbol a otro. Puede «volar» más de 15 m de un salto.

Las ranas son el grupo más numeroso de anfibios y tienen unas capacidades increíbles. La rana de bosque del Ártico se congela casi por completo en invierno, y la llamada del coquí común es tan estridente que parece una locomotora, y el renacuajo de la rana patito alcanza los 25 cm de largo, ¡cuatro veces más que la rana en la que se convierte!

La rana voladora libera un líquido y lo remueve con las patas hasta convertirlo en un nido de espuma en el que los huevos están a salvo.

¡Sus crías se llaman unas a otras desde dentro
del cascarón antes de eclosionar!

Tortuga

¡Imagínate que llevaras una armadura y no pudieras quitártela nunca! Las tortugas se pasan toda la vida en el mismo caparazón ajustado, que aumenta de tamaño a medida que la tortuga crece. Su columna vertebral y sus costillas se han fusionado con su robusta coraza. En algunos mitos de los nativos americanos, el mundo entero descansa sobre la espalda de una gigantesca tortuga cósmica.

Las tortugas de agua dulce son igual de felices en el agua que en tierra firme, y les encanta tomar el sol para calentarse. La falsa tortuga mapa es una tortuga de agua dulce que debe su nombre a las líneas de su caparazón, que parecen las curvas de nivel de los mapas.

Falsa tortuga mapa,
Estados Unidos

Lagartija arborícola,
noroeste de Sudamérica

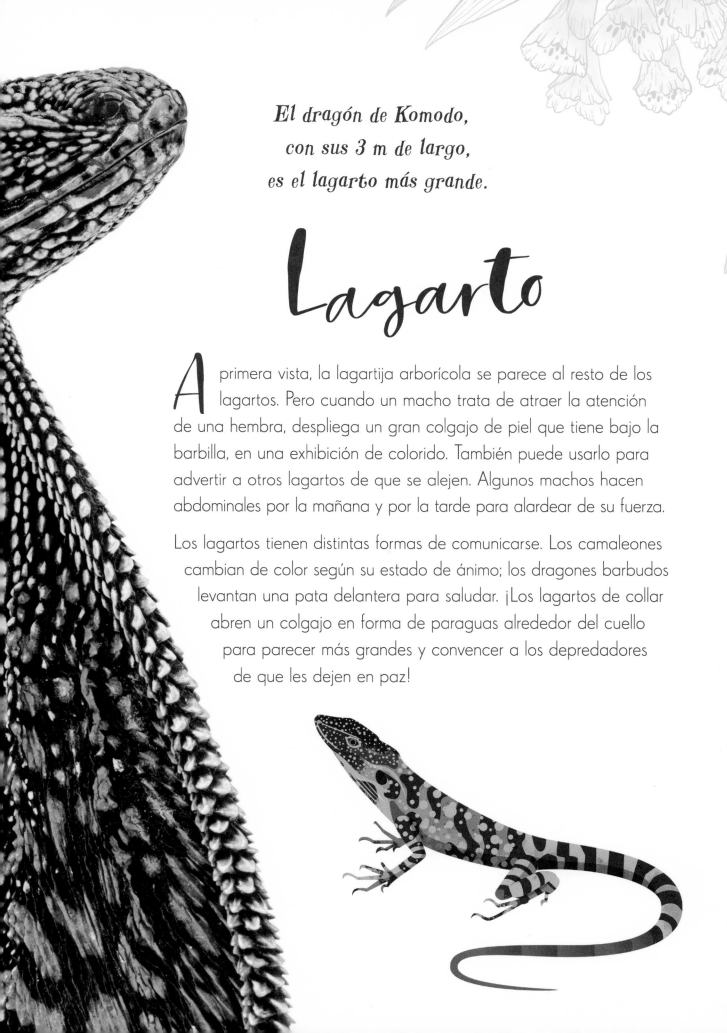

El dragón de Komodo,
con sus 3 m de largo,
es el lagarto más grande.

Lagarto

A primera vista, la lagartija arborícola se parece al resto de los lagartos. Pero cuando un macho trata de atraer la atención de una hembra, despliega un gran colgajo de piel que tiene bajo la barbilla, en una exhibición de colorido. También puede usarlo para advertir a otros lagartos de que se alejen. Algunos machos hacen abdominales por la mañana y por la tarde para alardear de su fuerza.

Los lagartos tienen distintas formas de comunicarse. Los camaleones cambian de color según su estado de ánimo; los dragones barbudos levantan una pata delantera para saludar. ¡Los lagartos de collar abren un colgajo en forma de paraguas alrededor del cuello para parecer más grandes y convencer a los depredadores de que les dejen en paz!

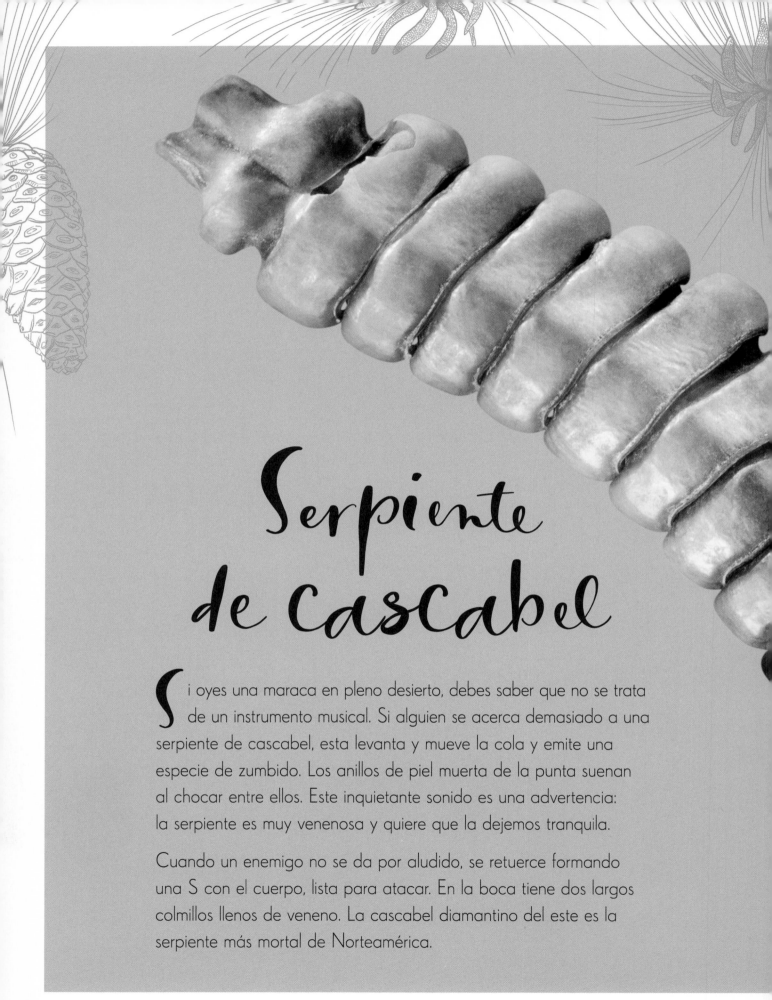

Serpiente de Cascabel

Si oyes una maraca en pleno desierto, debes saber que no se trata de un instrumento musical. Si alguien se acerca demasiado a una serpiente de cascabel, esta levanta y mueve la cola y emite una especie de zumbido. Los anillos de piel muerta de la punta suenan al chocar entre ellos. Este inquietante sonido es una advertencia: la serpiente es muy venenosa y quiere que la dejemos tranquila.

Cuando un enemigo no se da por aludido, se retuerce formando una S con el cuerpo, lista para atacar. En la boca tiene dos largos colmillos llenos de veneno. La cascabel diamantino del este es la serpiente más mortal de Norteamérica.

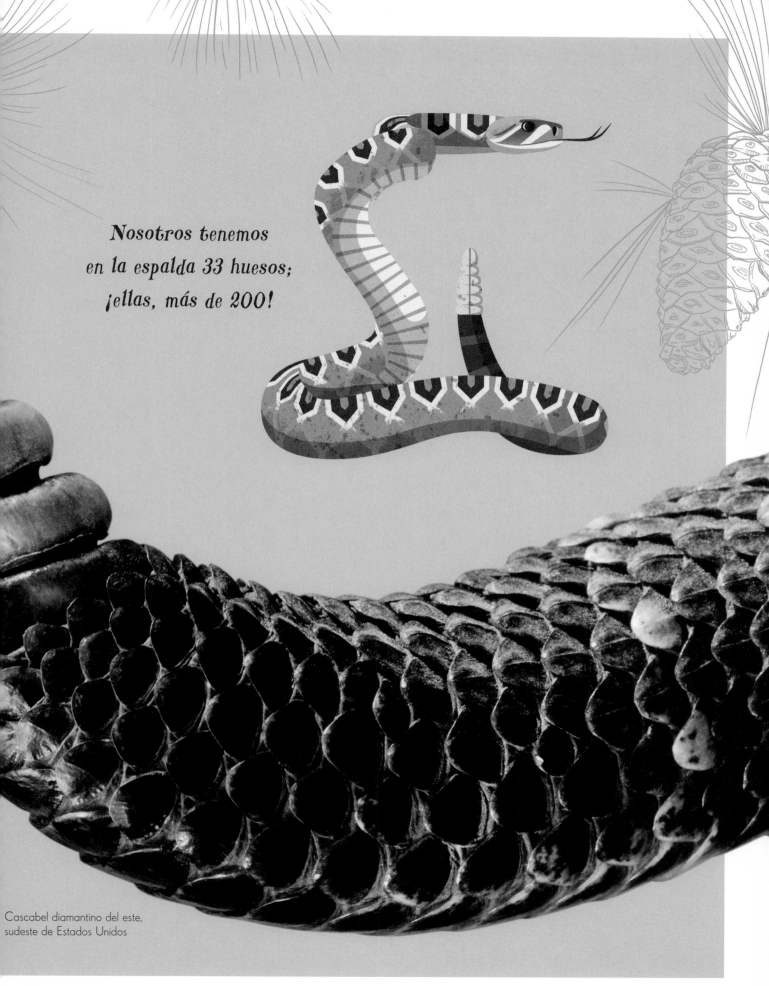

Nosotros tenemos
en la espalda 33 huesos;
¡ellas, más de 200!

Cascabel diamantino del este,
sudeste de Estados Unidos

Gavial

Los cocodrilos son grandes supervivientes que llevan 80 millones de años en la Tierra. A diferencia de otros cocodrilos, el gavial no caza pájaros o mamíferos. Solo come pescado. Su hocico largo y delgado alberga más de 100 dientes afilados. Con un rápido chasquido, coge a su resbaladiza presa y se la traga entera.

Su cola tiene unas enormes placas. Los reptiles no pueden ni temblar ni sudar, así que dichas placas les ayudan a calentarse y enfriarse porque absorben el calor del sol. Los machos tienen una extraña protuberancia en la nariz, con la que emiten zumbidos y silbidos para impresionar a las hembras.

Gavial, Asia meridional

Los machos son superpapás
que llevan cientos de crías
diminutas a la espalda.

Casuario

Pone unos enormes huevos verdes
que cuidan los machos.

Al ver su aspecto prehistórico, es fácil recordar que los pájaros descienden evolutivamente de los dinosaurios. Es el segundo pájaro más pesado de la Tierra, después del avestruz, y como este, tampoco puede volar. Es un animal tímido que vaga solo por los bosques tropicales, pero si se siente amenazado puede ser muy peligroso. Con sus fuertes patas y sus afiladas garras de 10 cm de largo, puede asestar una patada mortal.

Tiene un casquete en la cabeza. ¿Le sirve para oír? ¿Para demostrar quién es el más fuerte? Quizá le sirve para abrirse camino entre el denso follaje del bosque. ¡Nadie lo sabe!

Casuario austral,
sudeste asiático y Australia

Pato

¡Cuac! La mayoría de nosotros reconoceríamos el grito de un ánade real, el pato más común del mundo, pero no todos los patos graznan. ¡Algunas especies silban y otras gimen, rechinan, arrullan o incluso ladran! Los patos viven en todas partes; el eider real lo hace incluso en el gélido Ártico. Se zambulle en las aguas heladas en busca de almejas. El macho es multicolor, pero la hembra, como ocurre con muchas variedades de pato, es marrón, color que le ayuda a camuflarse cuando anida en el suelo.

Caminan balanceándose con torpeza, pero se les da muy bien volar. Los potentes músculos de sus alas les ayudan a despegar y acelerar rápidamente. La serreta de pico rojo puede volar a más de 160 km/h.

Eider real,
Ártico

A veces ponen sus huevos
en el nido de otra hembra.
¡En una ocasión se vio
un porrón americano que
incubaba 87 huevos!

Ambos progenitores alimentan
a sus crías con una especie de leche
que producen en la garganta.

Paloma

Las calles, las estaciones de tren y los parques están llenos de palomas. La variedad más extendida, presente en las ciudades de todo el mundo, es la paloma doméstica. Pero hay palomas de muchos colores distintos. La gura victoria tiene una cresta muy elegante de plumas azules con la punta blanca que parece parte de la cola de un pavo real.

Fueron una de las primeras aves domesticadas por los humanos, hace unos 10 000 años. Estas inteligentes criaturas saben encontrar el camino a casa aunque estén muy lejos. Por eso, los antiguos romanos ya usaban palomas mensajeras para llevar cartas.

Garza

Garceta negra, África

Siempre se traga primero la cabeza del pez, para que las aletas no se le atasquen en la garganta.

¿Es un pájaro? ¿O un paraguas? ¡Está claro por qué le llaman pájaro paraguas! Cuando pesca, extiende las alas por encima de la cabeza y desaparece bajo las plumas. Es posible que le ayude a localizar los peces bajo el agua o que la sombra atraiga a los peces que tratan de escapar del sol ardiente.

Son unos pescadores excelentes. La garcita verdosa tiene su propio truco: usa un cebo. Deja caer un objeto en el agua, como un palito, una nuez, una pluma o un insecto; cuando el pez se acerca, ¡zas!, se lo zampa de un bocado.

Águila

Las parejas de águilas calvas usan
el mismo nido durante muchos años.
Algunos miden 4 m de alto.

Águila calva,
Norteamérica

Las águilas son una de las aves rapaces más grandes y poderosas, con una envergadura de hasta 2,5 m. Son muy hábiles cazando y pueden matar a animales mucho más pesados. En el Ártico, el águila real derriba renos y en América Central y del Sur, el águila arpía usa sus largas garras para atrapar a los monos de las copas de los árboles.

El águila calva es el pájaro nacional de Estados Unidos. Desciende en picado hasta el río para atrapar peces, sobre todo salmones. Luego se lleva su presa reluciente entre sus garras curvas, que pueden ser más largas que las de un oso pardo. En los mitos vikingos, un águila se sentaba sobre el mundo y creaba los vientos batiendo las alas.

Pájaro carpintero

¡Toc, toc, toc! Se le oye antes de verlo. Si ves un árbol con cientos de agujeros es que un carpintero bellotero anda cerca. Si te fijas, verás que en muchos de ellos hay una bellota encajada. En otoño, estos carpinteros recogen montones de bellotas y luego hacen un agujero con el pico para cada una de ellas en su árbol favorito y las guardan para el invierno.

La mayoría de los carpinteros se alimentan de larvas de escarabajo de la madera. ¡Para llegar hasta ellas, picotean el tronco de los árboles con su pico puntiagudo hasta 15 veces por segundo! La parte delantera de su cráneo está protegida por unos músculos especiales y un hueso esponjoso, que evitan que su cerebro se dañe.

Carpintero bellotero,
sur de Norteamérica,
América Central y
norte de Sudamérica

Tejedor enmascarado, África meridional

Ave tejedora

Hembra   Macho

Descubre uno de los grandes arquitectos del mundo animal. Para evitar que una serpiente alcance el nido, el macho ata una brizna de hierba bien larga a una rama delgada, hace un nudo y entrelaza más hierba a su alrededor. Tras cinco días de trabajo, ha construido una cesta entretejida a prueba de serpientes. ¡No está mal, teniendo en cuenta que solo dispone de un pico y dos patas!

Hay muchas especies distintas y cada una hace un nido diferente. Estos sociables pájaros viven en grupos y comparten un nido gigante hecho con ramitas y paja. ¡Puede medir 6 m de largo y albergar a 100 familias!

Las hembras tiran de los nidos para comprobar cuál es el más fuerte. Los débiles no se usan.

No tienen dientes. Atrapan insectos
y gusanos con su lengua
superpegajosa.

Equidna

Si te encuentras un huevo del tamaño de una uva, tal vez te sorprenda, pero ¡es posible que sea un mamífero lo que eclosiona! Solo existen dos tipos de mamíferos que ponen huevos y uno de ellos es la equidna —el otro es el ornitorrinco—. La hembra pone un solo huevo con una cáscara correosa y lo mantiene caliente en una bolsa que tiene en el abdomen. Diez días después, eclosiona una cría.

El equidna de hocico corto tiene un denso pelaje con púas que evita que los depredadores se le acerquen. Con sus fuertes garras cava en busca de sus alimentos favoritos: las hormigas y las termitas.

Equidna de hocico corto,
Nueva Guinea y Australia

Es el único animal del mundo cuyos excrementos tienen forma de cubo.

Uómbat

Está a medio camino entre un oso y un conejo, pero este peculiar mamífero australiano es en realidad pariente de los canguros y los koalas. Es muy peludo y gordete. Su cuerpo robusto, sus patas musculosas y sus fuertes garras son perfectas para cavar túneles a gran velocidad. Si se siente amenazado, corre hacia su madriguera y bloquea la entrada con su duro trasero.

Las hembras mantienen a salvo sus crías en una bolsa que tienen en el abdomen. ¡A diferencia de la de los canguros, su bolsa mira hacia atrás para que cuando cavan no se llene de tierra!

Uómbat común,
sudeste de Australia

Armadillo de tres bandas,
Brasil

La especie más pequeña es la del pichiciego menor.
Mide aproximadamente la mitad que un lápiz.

Armadillo

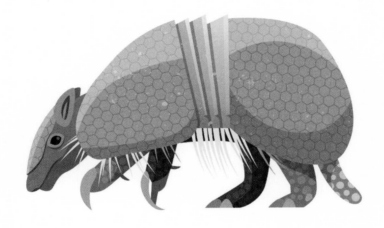

A primera vista puede parecer un balón un poco raro, pero si
te acercas verás que es el caparazón de un armadillo de tres
bandas. Si un jaguar o un ave rapaz trata de atacarlo, se enrolla
formando una bola. El armadillo de tres bandas es una de las dos
variedades de armadillo que pueden hacerlo. Las tres bandas
estrechas que tiene en el centro le ayudan a doblar su caparazón
óseo. Cuando la amenaza desaparece, se desenrolla y se va en
busca de comida o a dormir. ¡Suelen dormir 16 horas al día!
A pesar de su pesado caparazón, algunos nadan muy bien.
Tragan aire para mantenerse a flote.

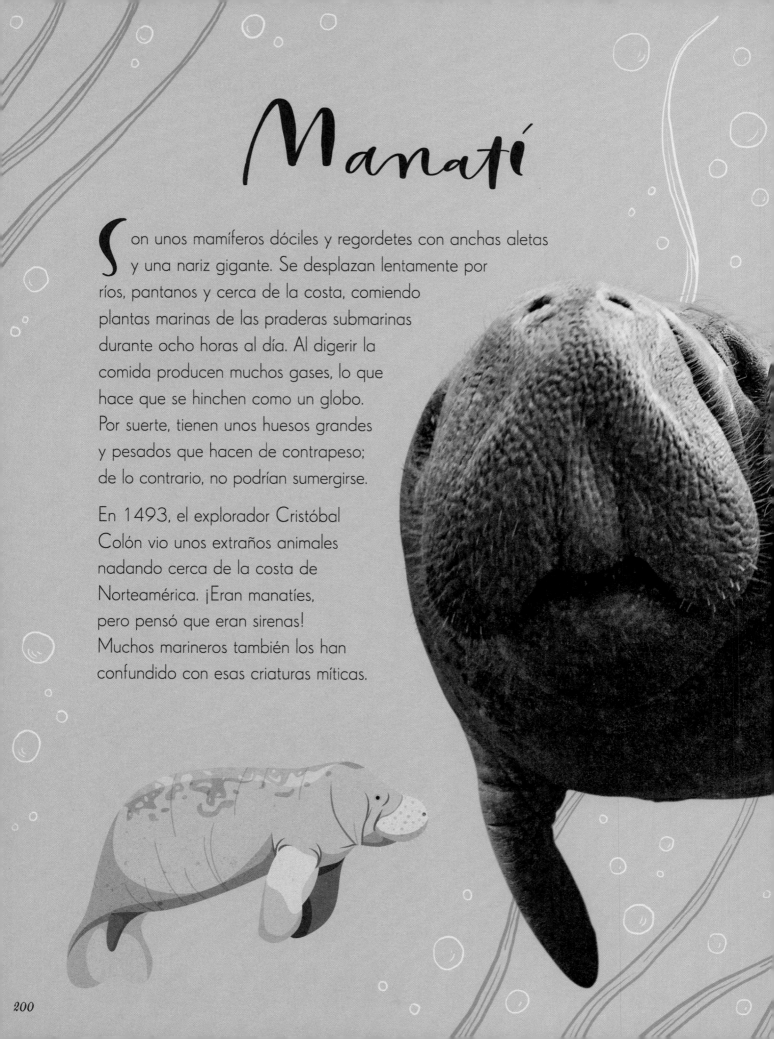

Manatí

Son unos mamíferos dóciles y regordetes con anchas aletas y una nariz gigante. Se desplazan lentamente por ríos, pantanos y cerca de la costa, comiendo plantas marinas de las praderas submarinas durante ocho horas al día. Al digerir la comida producen muchos gases, lo que hace que se hinchen como un globo. Por suerte, tienen unos huesos grandes y pesados que hacen de contrapeso; de lo contrario, no podrían sumergirse.

En 1493, el explorador Cristóbal Colón vio unos extraños animales nadando cerca de la costa de Norteamérica. ¡Eran manatíes, pero pensó que eran sirenas! Muchos marineros también los han confundido con esas criaturas míticas.

No son una variedad de ballena, delfín o foca.
Están más relacionados con los elefantes.

Manatí del Caribe,
Caribe y costa norte
de Sudamérica

Usan alrededor de 30 plantas distintas como medicinas para problemas como los dolores estomacales.

Chimpancé

Son los animales que están más estrechamente relacionados con los humanos. Pertenecemos a la misma familia, la de los grandes simios, que incluye también a bonobos, gorilas y orangutanes. Viven juntos en grupos bulliciosos de unos 30 miembros. Sonríen, ríen, se pelean, gritan, juegan y desarrollan fuertes lazos de amistad.

Son muy inteligentes. Fueron los primeros animales a los que los científicos vieron usar herramientas. Algunos han aprendido a cascar nueces con piedras y otros a atrapar insectos de los agujeros de los árboles con un palo afilado. Algunos incluso cogen musgo para usarlo como esponjas de las que beben. Pero no todos tienen dichas habilidades: las crías deben aprender observando a los adultos que las rodean.

Murciélago

Piensa lo difícil que debe de ser volar rápido a oscuras. ¡Los murciélagos insectívoros, como el de orejas largas, pueden volar por la noche sin chocar con nada! Emiten chillidos agudos que rebotan en los árboles, edificios y demás objetos a modo de eco. Ellos escuchan los ecos y crean en su mente una imagen a partir de los sonidos. Esta técnica de ecolocalización les permite localizar las sabrosas polillas que comen.

Hay muchas historias de miedo en las que unos monstruos de aspecto humano, los vampiros, beben sangre y se transforman en murciélagos. Algunas especies de murciélago beben sangre, pero viven en los bosques tropicales y se alimentan de tapires y animales de granja. Los murciélagos son los únicos mamíferos que pueden volar.

Murciélago de orejas largas,
Norteamérica occidental

Son como los meteorólogos:
captan el más pequeño cambio
en la presión atmosférica,
lo que les permite saber
el tiempo que va a hacer.

Jaguar

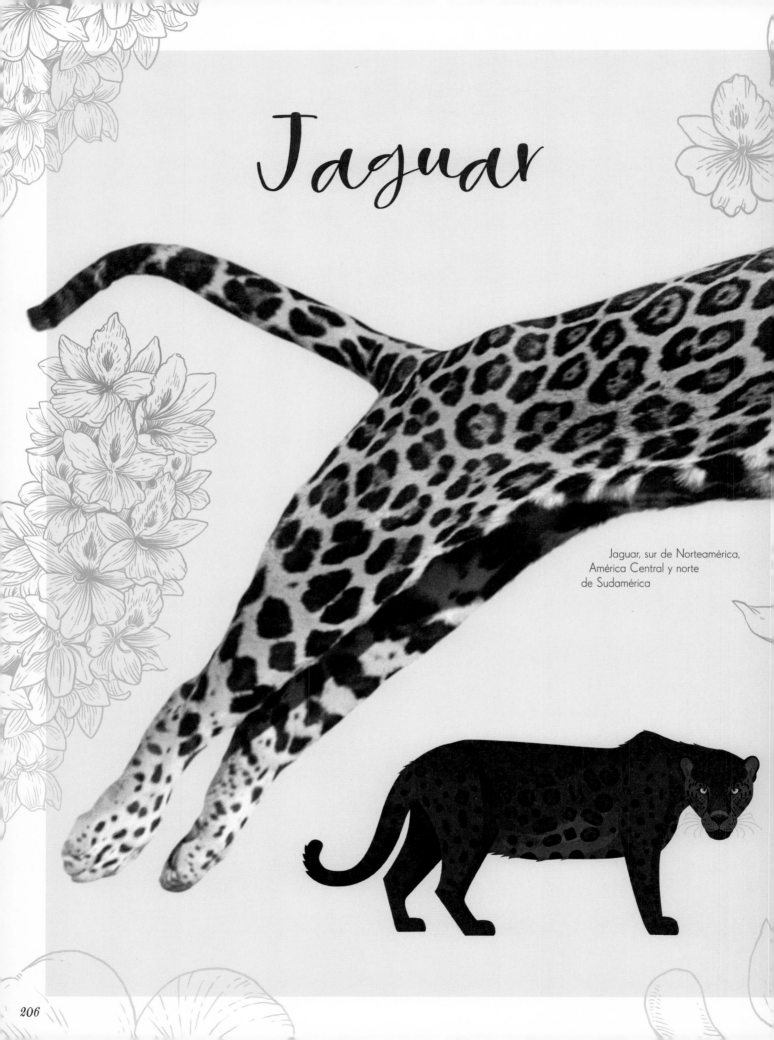

Jaguar, sur de Norteamérica,
América Central y norte
de Sudamérica

El jaguar ruge pero, como todos los grandes felinos, no ronronea. ¡Hace un sonido parecido a serrar madera!

La mejor manera de que no te vean en un bosque es... ¡tener un montón de manchas! El hermoso diseño de su piel le ayuda a pasar inadvertido en su hábitat. El jaguar negro, o pantera negra, es casi negro, pero también tiene manchas.

Cazan sigilosamente cerdos salvajes, ciervos, peces, tortugas y todo lo que encuentren para comer. Los más grandes se enfrentan incluso a caimanes. Los aztecas, que vivieron en lo que hoy conocemos como México, se referían a sus mejores soldados como «guerreros jaguar». Se cubrían con pieles de jaguar para parecerse a estos felinos.

*En algunas partes del mundo, durante el invierno,
los osos hibernan: duermen, no comen ni beben
ni tienen ninguna actividad durante varios meses.*

Oso pardo

Los oseznos son pequeños exploradores traviesos y juguetones. Su vida empieza bajo tierra, en una acogedora madriguera recubierta de hojas que cava la madre. Permanecen allí con su madre somnolienta durante el frío invierno. De recién nacidos son rosados y diminutos, pero de adultos pueden ser 500 veces más grandes. ¡Es como si un bebé humano creciera hasta alcanzar el tamaño de un hipopótamo!

En primavera, la madre y los oseznos salen de la madriguera en busca de comida. Tienen dientes afilados para desgarrar la carne, pero comen prácticamente de todo, especialmente brotes de plantas y jugosas bayas. Les encanta el salmón, que pescan en los ríos con sus garras curvas.

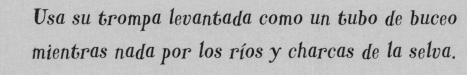

Usa su trompa levantada como un tubo de buceo
mientras nada por los ríos y charcas de la selva.

Tapir malayo, sudeste asiático

Tapir

Las grandes huellas en forma de hoja del suelo de la selva te llevarán hasta el tapir. Pero tendrás que acercarte sin hacer ruido, porque este mamífero es muy tímido. Abulta igual que un asno, pero anda siempre escondiéndose de los grandes felinos, que son sus principales depredadores.

Tiene una nariz larga, parecida a la trompa de un elefante, y la utiliza para recoger frutos y hojas para alimentarse. Para refrescarse, se echa en el lodo. Las crías son muy distintas a sus progenitores, y tienen manchas y rayas pálidas que les ayudan a camuflarse.

Saiga

Escondiéndose en prados de hierba dorada, este animal de aspecto peculiar vive en unas vastas llanuras llamadas estepas, que se extienden por el centro de Asia. Cuesta ver la manada, porque siempre se están moviendo. Todos los años recorren grandes distancias en busca de hierba fresca con la que alimentarse. Solo los machos tienen astas; pero tanto los machos como las hembras tienen una nariz enorme y caída. Este hocico alargado les ayuda a controlar la temperatura corporal calentando el aire que inspiran o enfriando su sangre.

Antes había millones de saigas, pero la caza ha hecho disminuir su población a unos miles. Actualmente es una especie protegida y hay muchos más, aunque sigue estando en peligro de extinción.

¡A los dos días,
ya corre más que cualquier persona!

Saiga, Asia central

Glosario

alga Forma de vida simple, parecida a una planta, que se encuentra básicamente en el agua, incluidos los océanos. Pueden ser diminutas y demasiado pequeñas como para que podamos verlas, o muy grandes, como las algas marinas.

alga marina Variedad de alga grande que crece en los océanos. Hacen la fotosíntesis igual que las plantas.

anfibio Animal con columna vertebral que pasa parte de su vida en el agua y el resto en tierra. Suele pasar de huevo a larva y luego a adulto. Las ranas y los tritones son anfibios.

arrecife de coral Hábitat presente sobre todo en mares cálidos y poco profundos. Se forma a partir del esqueleto endurecido de millones de animales diminutos, los corales.

bosque tropical Hábitat forestal en el que hay mucha humedad y llueve mucho. Los más grandes están en las zonas tropicales, donde hace calor, y sus árboles pueden llegar a ser muy altos.

branquias Órganos que se usan para respirar bajo el agua. Los peces, los cangrejos, las langostas, las gambas y algunos anfibios tienen branquias.

bulbo Parte gruesa y carnosa de algunas plantas que está enterrada bajo tierra y funciona como almacén de comida.

camuflaje Color o diseño que permite a un animal pasar inadvertido donde vive, para esconderse de sus atacantes.

carnívoro Denominación que se da a los organismos que comen carne.

célula Elemento más pequeño del que se compone un organismo vivo. Algunas formas de vida diminutas tienen una única célula, como las bacterias, muchas algas y las amebas. Los animales o las plantas grandes pueden tener billones de células.

conífera Árbol, como el abeto o el pino, con hojas de aguja y piñas duras que contienen semillas. La mayoría de las coníferas conservan las hojas todo el año.

cristal Forma y estructura en la que crece un mineral.

ecolocalización Uso del sonido para calcular lo lejos que está un objeto a partir del eco de un grito. Delfines y murciélagos la usan para moverse y reconocer los alimentos.

depredador Animal que caza a otro animal, llamado presa, para comérselo.

elemento Sustancia básica de la que está hecha la materia. Pueden ser sólidos, líquidos o gaseosos, y pueden pasar de un estado a otro. El oxígeno, el hierro, el carbono y el oro son elementos.

especie Tipo concreto de animal, planta u otro organismo vivo. Por ejemplo, el león y el guepardo son distintas especies de felino. Los miembros de la misma especie se pueden reproducir entre sí, pero normalmente no con otras especies.

espora Granos parecidos a los del polvo que liberan los helechos, los musgos y los hongos, y que se transforman en un nuevo organismo.

fósil Restos endurecidos de organismos que vivieron hace millones de años. Pueden ser de una parte del cuerpo, como huesos, o de cosas hechas por organismos vivos, como huellas.

fotosíntesis Proceso químico por el que las plantas y las algas fabrican su propio alimento usando la energía del sol. Al hacerlo, liberan oxígeno.

fronda Hoja de un helecho. Suele tener los bordes plumosos y delicados.

gema Piedra preciosa o trozo de roca que ha sido tallada y pulida para hacer que brille.

hábitat Lugar en el que se encuentran los animales, las plantas y otros organismos vivos. Pueden estar en el agua o en tierra firme. Muchas especies viven solo en un hábitat concreto.

hongo Forma de vida que suele alimentarse de cosas muertas o en descomposición. Los champiñones y el moho son hongos.

insecto Animal con tres pares de patas y un cuerpo dividido en tres secciones: la cabeza, el tórax (en el centro) y el abdomen (en la parte posterior). Muchos tienen también dos pares de alas.

invertebrado Animal que no tiene columna vertebral, como los insectos, las arañas, los cangrejos y las langostas.

mamífero Animal que tiene columna vertebral, sangre

caliente y piel o pelo. Casi todos dan a luz a sus crías, aunque algunas especies raras ponen huevos. Todas las hembras madre amamantan a sus crías.

meteorito Trozo de roca que ha viajado por el espacio y se ha estrellado contra un planeta, como la Tierra.

microscopio Instrumento científico que amplía los objetos, permitiéndonos ver cosas que son demasiado pequeñas para nuestros ojos. Puede disponer de una cámara para hacer fotos de la vida microscópica.

microscópico Descripción de algo que los humanos solo pueden ver con claridad con la ayuda de un microscopio.

migración Viaje largo realizado por animales en busca de un nuevo lugar en el que alimentarse o cuidar de sus crías. Muchos animales migran todos los años de su hogar estival a su hogar invernal.

mineral Material sólido compuesto de elementos químicos. Si se unen varios minerales, se obtiene una roca.

mito Historia o cuento.

molusco Tipo de invertebrado con un cuerpo blando y, a veces, un caparazón, entre ellos los pulpos, las almejas y los caracoles.

néctar Líquido dulce y azucarado que fabrican las flores. Los insectos, los pájaros y los mamíferos visitan las flores para beberse el néctar.

orgánico Producido por un organismo vivo.

organismo Cualquier cosa viva, como una planta, un animal, un hongo, un alga o una bacteria.

oxígeno Gas invisible que los animales, humanos incluidos, necesitan para respirar. Lo liberan las algas y las plantas, y es uno de los gases principales del aire. También se disuelve en el agua.

parásito Organismo que vive sobre o dentro de otro organismo anfitrión, causándole daño. Los parásitos se alimentan de su anfitrión y no pueden vivir sin él.

plancton Organismos vivos diminutos que flotan en los océanos y lagos, que suelen ser demasiado pequeños como para que los veamos. Incluye algas y pequeños animales, como gambas y copépodos.

polen Granos parecidos a los del polvo producidos por las flores y las piñas de las coníferas. El polen se dispersa con el viento o con la ayuda de los animales. Al pasar de una flor a otra, o de una piña a otra, el polen hace que la flor o la piña produzcan semillas.

polinización Pasar el polen de una planta a otra para que puedan producir semillas. El polen lo suele dispersar el viento o los animales llamados polinizadores.

prehistórico De hace mucho tiempo. Muchos animales y plantas prehistóricos ya no existen, pero sabemos de ellos gracias a los fósiles.

presa Animal cazado por un depredador.

pulmones Órganos que se usan para respirar en el aire o en tierra firme.

reptil Animal que tiene columna vertebral y una piel dura cubierta de escamas. Suele poner huevos. Las serpientes, los lagartos, las tortugas y los cocodrilos son reptiles.

resina Líquido espeso amarillo, marrón o rojo que producen los árboles. Rezuma por los cortes de la corteza, para ayudar a cicatrizar la herida.

roca Sólido duro compuesto de minerales.

roca ígnea Roca compuesta por magma líquido del interior de la Tierra, o lava de un volcán en erupción.

roca metamórfica Roca que se forma a partir de otra roca sometida a un calor y una presión enormes, normalmente a mucha profundidad.

roca sedimentaria Roca que se forma cuando la arena, la grava y otros trozos de roca se amontonan y se comprimen.

savia Líquido azucarado que producen las plantas. Se desplaza por el interior de los tallos y las ramas, de un modo parecido a como lo hace la sangre en los animales.

tóxico Sustancia dañina producida para defenderse. En el caso de los animales suele encontrarse en su piel. Si el atacante toca o se come el organismo tóxico, se envenena.

ultravioleta, luz Tipo de luz invisible para nosotros, pero que pueden ver otros animales. Algunos minerales brillan bajo la luz ultravioleta (UV). La luz UV es la que broncea la piel humana y, a menos que nos protejamos, puede quemarnos la piel.

vena Tubo o conducto largo que transporta líquido en un animal o planta. En los animales, las venas transportan sangre. Las venas de las plantas transportan agua y azúcar.

veneno Líquido dañino producido por un animal. El veneno es distinto al tóxico, porque se suministra mediante un aguijón, o mordiendo a la presa o el cuerpo del atacante.

Guía visual

Oro, página 6
Grupo: Elemento
Dureza Mohs: 2,5-3
Composición: Oro

Rosa del desierto de yeso, página 8
Grupo: Mineral
Dureza Mohs: 2
Composición: Calcio, azufre,
oxígeno y agua

Malaquita, página 10
Grupo: Mineral
Dureza Mohs: 3,5-4
Composición: Cobre, carbono,
oxígeno e hidrógeno

Fluorita, página 12
Grupo: Mineral
Dureza Mohs: 4
Composición: Calcio
y flúor

Ópalo, página 14
Grupo: Mineral
Dureza Mohs: 5-6
Composición: Silicio, oxígeno
y agua

Turquesa, página 16
Grupo: Mineral
Dureza Mohs: 5-6
Composición: Cobre, aluminio, potasio,
oxígeno, hidrógeno y agua

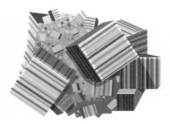

Pirita, página 18
Grupo: Mineral
Dureza Mohs: 6-6,5
Composición: Hierro y azufre

Rubí, página 20
Grupo: Mineral
Dureza Mohs: 9
Composición: Aluminio y oxígeno

Piedra pómez, página 22
Grupo: Roca ígnea
Composición: Cristal

Arenisca, página 24
Grupo: Roca sedimentaria
Composición: Cuarzo
y feldespato

Mármol, página 26
Grupo: Roca metamórfica
Composición: Calcita

Amonita, página 28
Grupo: Fósil
Localización: Todo el mundo

Ámbar, página 30
Grupo: Mineral orgánico
Composición: Resina

Cocolitóforo Emiliania, página 34
Emiliania huxleyi
Grupo: Coccolitofóridos
Ancho: 0,01 mm
Localización: Todo el mundo

Kelp gigante, página 36
Macrocystis pyrifera
Grupo: Algas marrones
Longitud: 45 m
Localización: Todo el mundo

Diatomea, página 38
Aulacodiscus oregonus
Grupo: Diatomeas
Ancho: 0,1 mm
Localización: Todo el mundo

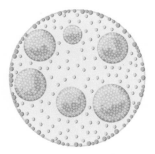

Chispa de mar, página 40
Noctiluca scintillans
Grupo: Dinoflagelados
Ancho: 0,5 mm
Localización: Todo el mundo

Radiolario, página 42
Saturnulus planetes
Grupo: Radiolarios
Ancho: 0.2 mm
Localización: Todo el mundo

Estrella de arena, página 44
Baculogypsina sphaerulata
Grupo: Foraminífero
Ancho: 1,5 mm
Localización: Océano Pacífico occidental

Volvox aureus, página 46
Volvox aureus
Grupo: Algas verdes
Ancho: 1 mm
Localización: Todo el mundo

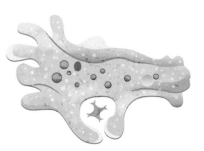

Ameba proteus, página 48
Amoeba proteus
Grupo: Protozoos
Longitud: 0,3 mm
Localización: Todo el mundo

Matamoscas, página 50
Amanita muscaria
Grupo: Hongos
Altura: 30 cm
Localización: Todo el mundo

Liquen de los renos, página 52
Cladonia rangiferina
Grupo: Algas verdes y hongos
Altura: 10 cm
Localización: El Ártico

Oso de agua, página 54
Paramacrobiotus craterlaki
Grupo: Invertebrados
Longitud: 1,5 mm
Localización: Todo el mundo

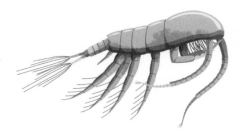

Copépodo temora, página 56
Temora stylifera
Grupo: Invertebrados
Longitud: 1,4 mm
Localización: Océano Atlántico

Hepática común, página 60
Marchantia polymorpha
Grupo: Hepáticas
Longitud: 10 cm
Localización: Europa

Planta de dinosaurio, página 62
Selaginella lepidophylla
Grupo: Licopodios
Altura: 5 cm
Localización: Sur de Norteamérica

Helecho arborescente, página 64
Dicksonia antarctica
Grupo: Helechos
Altura: 15 m
Localización: Australia

Ginkgo, página 66
Ginkgo biloba
Grupo: Ginkgos
Altura: 50 m
Localización: China

Secuoya gigante, página 68
Sequoiadendron giganteum
Grupo: Coníferas
Altura: 95 m
Localización: Norteamérica occidental

Nenúfar gigante del Amazonas, página 70
Victoria amazonica
Grupo: Plantas con flores
Ancho de la hoja: 3 m
Localización: Norte de Sudamérica

Magnolia sureña, página 72
Magnolia grandiflora
Grupo: Plantas con flores
Altura: 30 m
Localización: Sudeste de Norteamérica

Flor del lazo atigrada, página 74
Lilium lancifolium
Grupo: Plantas con flores
Altura: 2 m
Localización: Asia

Orquidea de pato, página 76
Caleana major
Grupo: Plantas con flores
Altura: 50 cm
Localización: Australia

Iris reticular, página 78
Iris reticulata
Grupo: Plantas con flores
Altura: 10 cm
Localización: Asia occidental

Árbol de la sangre de dragón, p. 80
Dracaena cinnabari
Grupo: Plantas con flores
Altura: 10 m
Localización: Isla Socotra en Yemen

Cocotero, página 82
Cocos nucifera
Grupo: Plantas con flores
Altura: 30 m
Localización: Costa del Pacífico y el Índico

Árbol del viajero, página 84
Ravenala madagascariensis
Grupo: Plantas con flores
Altura: 20 m
Localización: Madagascar

Bromelia tanque, página 86
Neoregelia cruenta
Grupo: Plantas con flores
Altura: 45 cm
Localización: Brasil

Papiro, página 88
Cyperus papyrus
Grupo: Plantas con flores
Altura: 4,5 m
Localización: África

Bambú moso, página 90
Phyllostachys edulis
Grupo: Plantas con flores
Altura: 28 m
Localización: China

Amapola ártica, página 92
Papaver radicatum
Grupo: Plantas con flores
Altura: 18 cm
Localización: Ártico

Protea rey, página 94
Protea cynaroides
Grupo: Plantas con flores
Altura: 2 m
Localización: África meridional

Siempreviva, página 96
Sempervivum tectorum
Grupo: Plantas con flores
Altura: 15 cm
Localización: Norte de África, Europa y Asia occidental

Acacia roja, página 98
Vachellia seyal
Grupo: Plantas con flores
Altura: 17 m
Localización: África y Asia occidental

Rosal silvestre, página 100
Rosa canina
Grupo: Plantas con flores
Altura: 5 m
Localización: África septentrional, Europa y Asia occidental

Higuera, página 102
Ficus carica
Grupo: Plantas con flores
Altura: 10 m
Localización: Asia occidental

Ortiga urticante, página 104
Urtica dioica
Grupo: Plantas con flores
Altura: 2 m
Localización: Norte de África, Europa y Asia

Mangle rojo, página 106
Rhizophora mangle
Grupo: Plantas con flores
Altura: 35 m
Localización: Costas tropicales de todo el mundo

Tumbo gigante, página 108
Passiflora quadrangularis
Grupo: Plantas con flores
Altura: 15 m
Localización: Sudamérica

Flor cadáver, página 110
Rafflesia arnoldii
Grupo: Plantas con flores
Ancho de la flor: 1 m
Localización: Sudeste asiático

Eucalipto amarillo, página 112
Eucalyptus leucoxylon
Grupo: Plantas con flores
Altura: 30 m
Localización: Australia

Arce azucarero, página 114
Acer saccharum
Grupo: Plantas con flores
Altura: 45 m
Localización: Norteamérica

Baobab de Grandidier, página 116
Adansonia grandidieri
Grupo: Plantas con flores
Altura: 30 m
Localización: Madagascar

Drosera, página 118
Drosera rotundifolia
Grupo: Plantas con flores
Altura: 20 cm
Localización: Norteamérica, Europa y Asia

Planta odre, página 120
Nepenthes truncata
Grupo: Plantas con flores
Altura: 40 cm
Localización: Sudeste asiático

Rodadora, página 122
Bassia scoparia
Grupo: Plantas con flores
Altura: 30 cm
Localización: Europa y Asia

Piedra viva de las Montañas Karas, p. 12
Lithops karasmontana
Grupo: Plantas con flores
Altura: 4 cm
Localización: África meridional

Saguaro, página 126
Carnegiea gigantea
Grupo: Plantas con flores
Altura: 12 m
Localización: Sur de
Norteamérica y América Central

Planta fantasma, p. 128
Monotropa uniflora
Grupo: Plantas con flores
Altura: 30 cm
Localización: Norteamérica,
América Central y Asia

Girasol, página 130
Helianthus annuus
Grupo: Plantas con flores
Altura: 3 m
Localización: América del
Norte, Central y del Sur

**Diente de León,
página 132**
Taraxacum officinale
Grupo: Plantas con flores
Altura: 50 cm
Localización: Europa y Asia

**Cardo marino, página
134**
Eryngium maritimum
Grupo: Plantas con flores
Altura: 60 cm
Localización: Europa

Esponja de florero azul, página 138
Callyspongia plicifera
Grupo: Invertebrados
Altura: 27 cm
Localización: Las Bahamas

Coral antorcha, página 140
Euphyllia glabrescens
Grupo: Invertebrados
Ancho: 70 cm
Localización: Océanos Índico y Pacífico

Aguaviva, página 142
Physalia physalis
Grupo: Invertebrados
Longitud del tentáculo: 20 m
Localización: Océanos tropicales de todo el mundo

Lombriz de tigre, página 144
Pseudoceros dimidiatus
Grupo: Invertebrados
Longitud: 8 cm
Localización: Océanos Índico y Pacífico

Gusano árbol de Navidad, página 146
Spirobranchus giganteus
Grupo: Invertebrados
Altura: 6 cm
Localización: Océanos tropicales

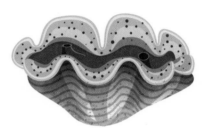

Pequeña almeja gigante, página 148
Tridacna maxima
Grupo: Invertebrados
Longitud: 30 cm
Localización: Océanos Índico y Pacífico

Caracol cubano pintado, página 150
Polymita picta
Grupo: Invertebrados
Ancho del caparazón: 2 cm
Localización: Este de Cuba

Nautilo con celdas, página 152
Nautilus pompilius
Grupo: Invertebrados
Longitud: 20 cm
Localización: Océanos Índico y Pacífico

Tarántula azul cobalto, página 154
Cyriopagopus lividum
Grupo: Invertebrados
Distancia entre los extremos de sus patas: 13 cm
Localización: Sudeste asiático

Milpiés abejorro, página 156
Anadenobolus monilicornis
Grupo: Invertebrados
Longitud: 10 cm
Localización: Caribe

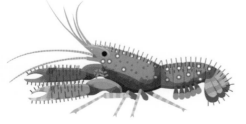

Langosta roja de arrecife, página 158
Enoplometopus occidentalis
Grupo: Invertebrados
Longitud: 10 cm
Localización: Océanos Índico y Pacífico

Abejorro común, página 160
Bombus terrestris
Grupo: Invertebrados
Longitud: 1,7 cm
Localización: Norte de África, Europa y Asia occidental

Erizo rojo, página 162
Mesocentrotus franciscanus
Grupo: Invertebrados
Ancho: 20 cm
Localización: Océano Pacífico

Tiburón ballena, página 164
Rhincodon typus
Grupo: Peces
Longitud: 10 m
Localización: Todo el mundo

Pez globo espinoso, página 166
Diodon holocanthus
Grupo: Peces
Longitud: 50 cm
Localización: Océanos tropicales

Tritón del este, página 168
Notophthalmus viridescens
Grupo: Anfibios
Longitud: 14 cm
Localización: Este de Norteamérica

Rana voladora de Wallace, página 170
Rhacophorus nigropalmatus
Grupo: Anfibios
Longitud: 10 cm
Localización: Sudeste asiático

Falsa tortuga mapa, página 172
Graptemys pseudogeographica
Grupo: Reptiles
Longitud: 25 cm
Localización: Estados Unidos

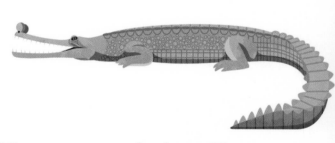

Anole ecuatoriano, página 174
Anolis aequatorialis
Grupo: Reptiles
Longitud: 20 cm
Localización: Noroeste de Sudamérica

Cascabel diamantino del este, página 176
Crotalus adamanteus
Grupo: Reptiles
Longitud: 1,8 m
Localización: Sudeste de Estados Unidos

Gavial, página 178
Gavialis gangeticus
Grupo: Reptiles
Longitud: 5 m
Localización: Asia meridional

Casuario austral, página 180
Casuarius casuarius
Grupo: Aves
Altura: 1,7 m
Localización: Sudeste asiático y Australia

Eider real, página 182
Somateria spectabilis
Grupo: Aves
Longitud: 63 cm
Localización: Ártico

Gura Victoria, página 184
Goura victoria
Grupo: Aves
Longitud: 74 cm
Localización: Norte de Nueva Guinea

Garceta negra, página 186
Egretta ardesiaca
Grupo: Aves
Longitud: 66 cm
Localización: África

Águila calva, página 188

Haliaeetus leucocephalus

Grupo: Aves

Longitud: 1 m

Localización: Norteamérica

Carpintero bellotero, página 190

Melanerpes formicivorus

Grupo: Aves

Longitud: 23 cm

Localización: Sur de Norteamérica, América Central y norte de Sudamérica

Tejedor enmascarado, página 192

Ploceus velatus

Grupo: Aves

Longitud: 13 cm

Localización: África meridional

Equidna de hocico corto, página 194

Tachyglossus aculeatus

Grupo: Mamíferos

Longitud: 45 cm

Localización: Nueva Guinea y Australia

Uómbat común, página 196

Vombatus ursinus

Grupo: Mamíferos

Longitud: 1,1 m

Localización: Sudeste de Australia

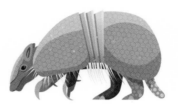

Armadillo de tres bandas, página 198

Tolypeutes tricinctus

Grupo: Mamíferos

Longitud: 32 cm

Localización: Brasil

Manatí del Caribe, página 200

Trichechus manatus

Grupo: Mamíferos

Longitud: 3,9 m

Localización: Caribe y costa norte de Sudamérica

Chimpancé, página 202

Pan troglodytes

Grupo: Mamíferos

Longitud: 1 m

Localización: África central y occidental

Murciélago de orejas largas, página 204

Myotis evotis

Grupo: Mamíferos

Longitud: 10 cm

Localización: Norteamérica occidental

Jaguar, página 206

Panthera onca

Grupo: Mamíferos

Longitud: 2,5 m

Localización: Sur de Norteamérica, América Central y norte de Sudamérica

Oso pardo, página 208

Ursus arctos

Grupo: Mamíferos

Longitud sin la cola: 2,8 m

Localización: Norte de Norteamérica, Europa y Asia

Tapir malayo, página 210

Tapirus indicus

Grupo: Mamíferos

Longitud: 3 m

Localización: Sudeste asiático

Saiga, página 212

Saiga tatarica

Grupo: Mamíferos

Longitud sin cola: 1,5 m

Localización: Asia central

Edición del proyecto Olivia Stanford
Edición de arte sénior Elle Ward
Diseño Bettina Myklebust Stovne
Edición adicional Satu Fox,
Kathleen Teece, Sally Beets
Diseño adicional Jaileen Kaur
Coordinación de cubierta Issy Walsh
Diseño de cubierta sénior Elle Ward
Preproducción Dragana Puvacic
Producción Basia Ossowska
Búsqueda iconográfica Sakshi Saluja
Maquetación Nand Kishor Acharya
Edición ejecutiva Laura Gilbert
Edición ejecutiva de arte Diane Peyton Jones
Dirección del equipo de Delhi Malavika Talukder
Dirección creativa Helen Senior
Dirección editorial Sarah Larter

Consultoría en biología Derek Harvey
Consultoría en minerales Dr. Devin Dennie

Servicios editoriales Tinta Simpàtica
Traducción Ana Riera Aragay

Publicado originalmente en Gran Bretaña
en 2019 por Dorling Kindersley Limited
DK, One Embassy Gardens, 8 Viaduct Gardens,
London, SW11 7BW
Parte de Penguin Random House

Título original: The Wonders of Nature
Primera edición: 2020

ISBN: 978-0-7440-2705-1

Impreso y encuadernado en China

Para mentes curiosas
www.dkespañol.com

DK quiere agradecer a: Gary Ombler, por las fotografías; Oxford University Museum
of Natural History, por su permiso para fotografiar sus rocas y minerales, y el Dr Robert
Knight, por su asistencia; Katie Lawrence y Abigail Luscombe, por su asistencia editorial;
Polly Goodman, por la corrección; Daniel Long, por sus ilustraciones de rocas y minerales,
vida microscópica, plantas y animales; Angela Rizza, por las pautas y las ilustraciones
de la cubierta.

Sobre el autor: Ben Hoare ha estado
fascinado por la vida silvestre desde
que tiene uso de razón. Es el editor
de reportajes de una revista dedicada
a la vida salvaje y ha sido editor, autor
y consultor de muchos libros de DK,
como el exitoso *Antología de animales
extraordinarios*.

Créditos de las imágenes

Los editores agradecen a los siguientes su permiso para reproducir sus fotografías:
(Clave: a: arriba; b: bajo, abajo; c: centro; e: extremo; i: izquierdaleft; d: derecha; s: superior)

4 Dorling Kindersley: Oxford University Museum of Natural History (si, sc, cdb, bc). **5 Alamy Stock Photo:** Susan E. Degginger (bi); PjrStudio (ci, cib); Dennis Hardley (cd); Greg C Grace (cdb). **Dorling Kindersley:** Holts Gems (cla/cristal del roca en bruto, tr); Oxford University Museum of Natural History (cla, crb/rosa del desierto). **6-7 Dorling Kindersley:** Oxford University Museum of Natural History. **9 Dorling Kindersley:** Oxford University Museum of Natural History. **11 Getty Images:** Darrell Gulin. **12-13 Dorling Kindersley:** Oxford University Museum of Natural History (b). **14 Dorling Kindersley:** Oxford University Museum of Natural History. **16-17 Dorling Kindersley:** Oxford University Museum of Natural History (s). **18-19 Dorling Kindersley:** Oxford University Museum of Natural History. **20 Dorling Kindersley:** Oxford University Museum of Natural History. **23 Dorling Kindersley:** Oxford University Museum of Natural History. **24-25 Dorling Kindersley:** Oxford University Museum of Natural History. **26 Dorling Kindersley:** Elena Mordasova. **28 Dorling Kindersley:** Oxford University Museum of Natural History. **31 Dorling Kindersley:** Oxford University Museum of Natural History. **32 Science Photo Library:** Dennis Kunkel Microscopy (bc); Steve Gschmeissner (cib). **33 Dreamstime.com:** Andrey Sukhachev / Nchuprin (bc). **iStockphoto.com:** micro_photo (cd). **Science Photo Library:** Dennis Kunkel Microscopy (si); Steve Gschmeissner (cdb). **34-35 Science Photo Library:** Steve Gschmeissner (b). **36-37 Getty Images:** Steven Trainoff Ph.D.. **38 Science Photo Library:** Steve Gschmeissner (si, ci, cib, bi, cd, cdb); Fay Darling / Paul E Hargraves PHD (cda). **39 Science Photo Library:** Steve Gschmeissner (sd, cd, bi, bd); Fay Darling / Paul E Hargraves PHD (sc). **40-41 Science Photo Library:** Gerd Guenther. **42 Science Photo Library:** Steve Gschmeissner. **45 Dreamstime.com:** Mushika. **46-47 iStockphoto.com:** micro_photo. **49 Science Photo Library:** Steve Gschmeissner. **51 Alamy Stock Photo:** Buiten-Beeld. **52 Alamy Stock Photo:** Artenex. **54 Science Photo Library:** Eye Of Science. **57 Science Photo Library:** Steve Gschmeissner. **58 Dreamstime.com:** Yap Kee Chan (ca). **59 Alamy Stock Photo:** Blickwinkel (bd). **61 Alamy Stock Photo:** Andia. **63 123RF.com:** Girts Heinsbergs. **64-65 Alamy Stock Photo:** Tim Gainey. **69 iStockphoto.com:** Pgiam. **74-75 123RF.com:** Anchasa Mitchell. **76 Getty Images:** John Tiddy / Nature Picture Library. **78-79 Alamy Stock Photo:** Jada Images. **80-81 Getty Images:** Pixelchrome Inc. **82-83 iStockphoto.com:** Phetphu. **84 Alamy Stock Photo:** Witthaya Khampanant. **87 Getty Images:** Wagner Campelo / Moment Open. **89 Alamy Stock Photo:** Manfred Ruckszio. **90 Science Photo Library:** Martyn F. Chillmaid. **92 Alamy Stock Photo:** Life on white (bd). **Getty Images:** 1bluecanoe / Moment Open (cd); F. Lukasseck / Radius Images (bi). **93 Alamy Stock Photo:** imageBROKER (d); Tiberius Photography (ebi); Irina Vareshina (bi); Julie Pigula (bc). **94 Dreamstime.com:** Paop. **96 Dreamstime.com:** Erika Kirkpatrick (cd); Fabrizio Troiani (bc). **GAP Photos:** Annaick Guitteny (cib). **97 Alamy Stock Photo:** Bob Gibbons (sd); Organica (cd). **Dreamstime.com:** Chuyu (si). **98-99 Alamy Stock Photo:** Rz_Botanical_Images. **100-101 Alamy Stock Photo:** imageBROKER. **102 Alamy Stock Photo:** Reda &Co Srl. **105 Alamy Stock Photo:** Nature Picture Library. **106-107 Dreamstime.com:** Seadam (c). **108 Getty Images:** Paul Starosta / Corbis. **109 Getty Images:** Paul Starosta / Corbis. **111 Alamy Stock Photo:** Biosphoto. **112 Alamy Stock Photo:** Robert Wyatt. **115 Alamy Stock Photo:** George Ostertag. **116-117 FLPA:** Ingo Arndt / Minden Pictures. **118 Getty Images:** Gerhard Schulz / The Image Bank. **122-123 Dreamstime.com:** Watcharapong Thawornwichian. **126-127 Dreamstime.com:** David Hayes. **128 Alamy Stock Photo:** Scott Camazine. **130 Getty Images:** Gary Wilkinson / Moment Open. **132-133 Getty Images:** assalve / E+. **134-135 SuperStock:** E.a. Janes / Age Fotostock. **136 123RF.com:** Anan Kaewkhammul / anankkml (ca). **Dorling Kindersley:** E. J. Peiker (cia). **Dreamstime.com:** Torsten Velden / Tvelden (cib). **Getty Images:** Bob Jensen / 500Px Plus (ci). **137 Dorling Kindersley:** Peter Janzen (c); Linda Pitkin (cdb). **138 FLPA:** Norbert Wu / Minden Pictures. **141 Alamy Stock Photo:** Tyler Fox. **142 Alamy Stock Photo:** Nature Picture Library (c). **144-145 Getty Images:** Darlyne A. Murawski. **147 Alamy Stock Photo:** WaterFrame (c). **148 Alamy Stock Photo:** Liquid-Light Underwater Photography. **150 naturepl.com:** Ingo Arndt (c, bi). **151 naturepl.com:** Ingo Arndt (cia, cd). **SuperStock:** Ingo Arndt / Minden Pictures (ca). **153 Getty Images:** Joel Sartore, National Geographic Photo Ark. **154-155 Dorling Kindersley:** Liberty's Owl, Raptor and Reptile Centre, Hampshire, UK. **156-157 Getty Images:** Joel Sartore, National Geographic Photo Ark. **158-159 Getty Images:** Dave Fleetham. **160-161 Dorling Kindersley:** Jerry Young. **162 Dreamstime.com:** Mikhail Blajenov. **164-165 Getty Images:** Torstenvelden. **166-167 Alamy Stock Photo:** WaterFrame. **168-169 naturepl.com:** MYN / JP Lawrence. **170 FLPA:** Chien Lee / Minden Pictures. **173 Getty Images:** Paul Starosta. **174-175 Getty Images:** Karine Aigner. **176-177 Alamy Stock Photo:** Nature Picture Library. **178-179 Getty Images:** Paul Starosta. **181 Getty Images:** Mark Newman. **182-183 Alamy Stock Photo:** All Canada Photos. **184 Getty Images:** Picture by Tambako the Jaguar. **186-187 SuperStock:** Seraf van der Putten / Minden Pictures. **188-189 Andy Morffew. 191 Alamy Stock Photo:** William Leaman. **192 Getty Images:** Catherina Unger. **194-195 Getty Images:** Joel Sartore, National Geographic Photo Ark. **197 SuperStock:** Juergen & Christine Sohns / Minden Pictures. **198 Alamy Stock Photo:** BIOSPHOTO. **200-201 Getty Images. 203 Dreamstime.com:** Patricia North. **204-205 Getty Images:** Michael Durham / Minden Pictures. **206-207 Getty Images:** Fuse. **209 Getty Images:** Joel Sartore, National Geographic Photo Ark. **210-211 Getty Images:** Joel Sartore. **212 123RF.com:** Victor Tyakht. **Imágenes de la cubierta:** Frente: **Alamy Stock Photo:** Blickwinkel ca/ (tejedor); imageBROKER cd; Manfred Ruckszio cia; **Dorling Kindersley:** Natural History Museum, London ca/ (ópalo), Oxford University Museum of Natural History crb/ (turquesa); **Getty Images:** Joel Sartore, National Geographic Photo Ark cla/ (equidna), cib, Darlyne A. Murawski crb, Stephen Dalton / Minden Pictures cb; **Science Photo Library:** Steve Gschmeissner ca

Resto de las imágenes © Dorling Kindersley. Para información adicional visita www.dkimages.com